四川盐亭等六县市方言音系调查研究

张 强◎著

四川大学出版社
SICHUAN UNIVERSITY PRESS

项目策划：周　洁
责任编辑：周　洁
责任校对：于　俊
封面设计：墨创文化
责任印制：王　炜

图书在版编目（CIP）数据

四川盐亭等六县市方言音系调查研究 / 张强著．一
成都：四川大学出版社，2021.9
　ISBN 978-7-5690-5015-8

　Ⅰ．①四… Ⅱ．①张… Ⅲ．①西南官话－语音系统－
方言研究－四川 Ⅳ．① H172.3

中国版本图书馆 CIP 数据核字（2021）第 198345 号

书名	四川盐亭等六县市方言音系调查研究
	SICHUAN YANTING DENG LIUXIANSHI FANGYAN YINXI DIAOCHA YANJIU

著　者	张　强
出　版	四川大学出版社
地　址	成都市一环路南一段 24 号（610065）
发　行	四川大学出版社
书　号	ISBN 978-7-5690-5015-8
印前制作	四川胜翔数码印务设计有限公司
印　刷	四川盛图彩色印刷有限公司
成品尺寸	170mm×240mm
印　张	13
字　数	246 千字
版　次	2021 年 10 月第 1 版
印　次	2021 年 10 月第 1 次印刷
定　价	62.00 元

◆ 读者邮购本书，请与本社发行科联系。
　电话：(028)85408408/(028)85401670/
　(028)86408023　邮政编码：610065
◆ 本社图书如有印装质量问题，请寄回出版社调换。
◆ 网址：http://press.scu.edu.cn

四川大学出版社
微信公众号

序

张强的《四川盐亭等六县市方言音系调查研究》写成，请我为他的书作序。我是张强在四川师范大学学习期间攻读硕士和博士学位的导师，对他的学习情况和研究的课题很了解，所以这件工作义不容辞。

张强此书中涉及的四川六个县市（盐亭、射洪、西充、彭山、青神和夹江）的方言，有两个特殊的地方。一是，这六个方言点从地理位置上分为两个区域，盐亭、射洪和西充互相毗邻，属于四川中部地区；彭山、青神和夹江则另在四川西南的岷江中游西岸，也是互相毗邻的。二是，两个区域虽然地理远隔，其方言却都属于"南路话"——一种包括入声在内的有五个声调的官话方言。而我们知道，四川省包括成都话在内的大部分方言属于"湖广话"——一种有阴阳上去四个声调（入声归阳平）的典型的西南官话。彭山、青神和夹江三个方言点在成都的南边，位于岷江沿线的南路话区域内（岷江中下游至长江上游的西南岸——从都江堰市至宜宾市、泸州市都是南路话区域）。而盐亭、西充和射洪位于成都的东北方，在湖广话区域内形成了一个南路话方言岛。这六个县市分别位于两个区域，而方言类型却遥相呼应，这是为什么？这就是本书选择这六个方言点的语音系统进行调查研究的原因。我在另一篇文章里说过："方言岛的形成与历史上的移民现象有关，一般有两种类型：一种是迁入型方言岛。……另一种是分割存留型方言岛。这种类型的方言岛也与移民现象有关，但不是来自于移民，而是移民潮流分割当地原有方言的结果，如四川省内的盐（亭）西（充）射（洪）方言岛，就是明清时期迁入的湖广话包围分割当地南路话的结果。"[①] 这里提到了盐亭、西充和射洪方言是"分割存留型"的南路话方言岛。这就涉及四川方言近现代的历史演变问题。

现在的四川人讲两种方言，四川中、东部讲湖广话，岷江西岸和南岸讲南

---

① 周及徐、周亚欧，《荣县话来源探索——"湖广填四川"的语言学证据》，《语文研究》，2019 年第 4 期，第 54—58 页。

路话。① 关于为什么会有这两种明显不同的方言，以前人们的回答无非是：湖广话和南路话两种方言是同一方言分化演变的结果而已，无论是湖广话分化出南路话，还是南路话分化出湖广话，都会形成现在的局面。我们在从 2007 年到现在，对四川方言作了详细的调查研究②，得出了不同的结论：南路话和湖广话在四川分布并存的局面，是明清以后的大移民导致的。湖广（湖北省和湖南省）移民带来了湖广话，南路话是当地方言的存留。南路话和湖广话之间不存在连续的演变关系。③ 这很好地解释了为什么湖广话和南路话在四川的分布有一个天然的界线：岷江。岷江以东以北讲湖广话，因为明清战乱主要是在四川中东部，进出四川的大通道也在这里，战乱和战后大移民都从三峡东来（重庆）四川，经川中直抵成都。岷江以西以南讲南路话，岷江天堑保护这些地区免受屠戮或减少了损失，明以前的方言保存下来了，这就是南路话。以前没有能够认识到这点，有两个原因：一是低估了明末清初的战乱给四川造成的人口损失殆尽的灾难，错误地以为四川中东部的现代方言还是明代以前的方言；二是在语言学研究中没有详细分析南路话和湖广话的明显差别，低估了岷江以西以南的方言在没有受到外来扰动状况下的保守性，错误地以为明以前的四川当地方言已不存在。

本书的贡献还在于，它提供了在四川中部地区还存在南路话的例子，这就是盐亭、西充、射洪方言岛。这就说明，南路话以前是广泛地存在于四川的，不仅仅是在岷江以南。东来的移民洪流淹没了四川中东部，而在比较偏僻的地方（如交通不便的山区），南路话存留下来了。近些年来我们又发现了四川北部和中东部一些地区的南路话，例如剑阁以南（金仙镇）④、南部县以西（伏虎镇）⑤、南充以西（龙蟠镇）⑥、巴中（牛鼻山村）⑦ 和邻水县（东槽区），等等。这些方言点的相似的语音特征证明了南路话在四川曾经是广泛存在的，后来南路话区域才缩小到了岷江以南。

---

① 这里不包括四川西部民族地区甘孜、阿坝、凉山等三州的方言。
② 周及徐等，《岷江流域方音字汇——20 世纪四川方音大系之一》，四川大学出版社，2019 年。
③ 周及徐，《从移民史和方言分布看四川方言的历史》，《语言研究》，2013 年第 1 期，第 52—59 页。人民大学报刊复印资料《语言文字学》，2013 年第 5 期，第 111—119 页。周及徐，《南路话和湖广话的语音特点——兼论四川两大方言的历史关系》，《语言研究》，2012 年第 3 期，第 65—77 页。
④ 杨波、周及徐，剑阁金仙镇方言音系，《语言历史论丛》第八辑，巴蜀书社，2015 年。
⑤ 梁浩，四川南部县伏虎镇话音系，《语言历史论丛》第七辑，巴蜀书社，2014 年。
⑥ 青杉，四川南充市龙蟠镇话音系，《语言历史论丛》第十六辑，巴蜀书社，2021 年。
⑦ 周岷、周及徐，四川巴州话的语音系统，四川师范大学学报，2016 年第 6 期。

　　张强此书是在他的硕士论文的基础上写成的。在努力用功之外，此书不免还有一些不成熟的地方，比如对语音的描写比较详细，但是罗列语音特征多，分析归纳不足；有些地方可以简略以避免重复，等等。此外，在语言学和方言学的理论修养方面还需要加强基础知识、拓宽视野，这也是青年学人的共同之处。希望在今后的学术研究中，张强能够逐步提高、进步。

周及徐

2021 年 10 月 10 日

于成都清水河畔

内容提要

依照黄雪贞先生《西南官话的分区（稿）》，四川盐亭、射洪①、西充、彭山②、青神、夹江等六县市方言在现代汉语方言分区中属于西南官话灌赤片岷江小片。这六县市方言，是古入声字今独立成调的方言，声韵调语音系统同成渝话存在不同程度的差异。依据方言田野调查的客观研究，本书对四川盐亭、射洪、西充、彭山、青神、夹江等六县市方言音系同成都话与北京话音系进行共时比较研究。

本书分为六个部分。第一部分是绪论，概述四川盐亭、射洪、西充、彭山、青神、夹江等六县市方言的研究现状，介绍本书语音材料的调查、研究方法及符号说明。第二部分，即第一章，介绍四川盐亭、射洪、西充、彭山、青神、夹江等六县市方言语音系统，分别从声母、韵母、声调三个方面进行音系描写。第三部分，即第二章，将四川盐亭、射洪、西充、彭山、青神、夹江等六县市方言语音系统与同时代的成都话、北京话语音系统进行横向比较，归纳揭示出四川盐亭、射洪、西充、彭山、青神、夹江等六县市方言在音系上的异同及特征。第四部分，即第三章，分析四川盐亭、射洪、西充、彭山、青神、夹江等六县市方言的南路话语音特征，揭示其具有的南路话语音音系特点，以及明确六县市方言作为自成一体的方言小片所具有的语音分区特征，介绍了六县市方言的重要语音特点。第五部分，即第四章，是对本书研究的全面总结。第六部分是附录，列出了具有代表性的四川盐亭、射洪方言音表和四川方言特字表。

本书运用汉语方言学、历史比较语言学的理论和方法，在方言田野调查的基础上，共时研究与历时解释相结合、宏观研究与微观研究相结合的方法，对四川盐亭、射洪、西充、彭山、青神、夹江等六县市方言的声韵调语音系统与成都话、北京话语音系统进行比较研究，以期从共、历时平面揭示该区域方言音系的语音规律。

---

① 2019 年 8 月 16 日，四川省人民政府发布《关于同意撤销射洪县 设立县级射洪市的批复》，经报国务院批准，设立县级射洪市。

② 2014 年 10 月 20 日，眉山市人民政府发布《关于同意撤销彭山县 设立眉山市彭山区的批复》，经报国务院批准，设立眉山市彭山区。

目　录

绪　论

一、四川盐亭等六县市方言音系调查研究现状概述

盐亭、射洪、西充、彭山、青神、夹江等四川西南部六县市方言音系调查研究现有的成果不多，就笔者所收集到的资料来看，有以下文章和著述。

20 世纪 40 年代，"中央"研究院历史语言研究所进行了四川省方言调查，这是四川方言研究史上第一次大规模的语音调查。调查对象以县为单位，一县一点，共涉及 134 个县 182 个方言调查点。其中 99 县方言调查点的调查时间是 1941 年秋季，35 县方言调查点的调查时间是 1946 年夏季。此次参与方言调查的研究人员丁声树、杨时逢、董同龢、袁家骅、周法高、刘念和等对四川方言进行了第一次全面普查。1984 年 9 月，杨时逢在中国台湾出版了《四川方言调查报告》（上、下册）。该报告涉及对盐亭、射洪、西充、彭山、青神、夹江等六县方言点的语音调查，主要语音特点是保持古入声独立。这次方言语音调查涉及六个方面：发音人履历、声韵调表、声韵调描写、与古音比较、同音字表、音韵特点。"它反映了该地方音的语音系统轮廓，是该地方音的一次历史性的总结，为该地尔后的方言研究奠定了基础。"[①]

20 世纪 50 年代，四川省教育厅、四川大学、西南师范学院、四川师范学院对四川汉族地区 150 个县市进行了方言调查。1956 年，开展了四川方言的第二次全面普查，共调查了 150 个县。1960 年，《四川大学学报（哲学社会科学版）》第 3 期发表了《四川方言音系》一文，文章总结了 1956 年四川方言的普查情况，就是此次普查成果。这次调查包括盐亭、射洪、西充、彭山、青神、夹江等六县方言点，介绍了这六县市方言点声母、韵母、声调及其音值情况，其 25 个代表点方言字表中记录了百字左右的字音表，明确指出盐亭、射洪、西充、彭山、青神、夹江等六县市方言属于入声独立区。《四川方言音系》

---

① 崔荣昌，《四川方言研究历史上的丰碑——读〈四川方言调查报告〉》，《四川大学学报（哲学社会科学版）》，1993 年第 1 期：71—79。

根据入声的有无和归并情况将西南官话分为四个区：入声独立区、入声归阴平区、入声归阳平区、入声归去声区。《四川方言音系》归纳的四川官话声母（包括零声母）分为 24 类；韵母总计 42 类，但有 13 个点缺少个别鼻音韵尾；声调有阴平、阳平、上声、去声、入声五类。

1980 年，郝锡炯在《四川师范学院院报》第 3 期上发表了《从古入声的演变谈根据四川方言辨认古入声字》。文章中提到西南官话中保留了古入声字的方言区域。

1985 年，郝锡炯和胡叔礼在《四川大学学报（哲学社会科学版）》发表了《关于四川方言的语音分区问题》。文章中明确指出盐亭、射洪、西充、彭山、青神、夹江等六县市方言属于入声独立区。

1986 年，黄雪贞在《方言》第 4 期上发表了《西南官话的分区（稿）》，文章中指出，盐亭、射洪、西充、彭山、青神、夹江等六县市方言属于西南官话方言灌赤片的岷江小片，还指出"灌赤片古入声今不读阳平。其中岷江小片和丽川小片古入声今读入声。仁富小片古入声今读去声，雅安小片古入声今读阴平"①。文章还说明了西南方言的其他突出语音特点。

1994 年，崔荣昌在《中国语文》第 6 期上发表了《四川方言研究述评》，文章第二节《四川方言语音的普查时期》和第三节《四川方言的全面研究时期》评述了 20 世纪 40 年代以来对四川方言语音的研究情况。

1999 年，翟时雨在《西南师范大学学报（哲学社会科学版）》发表了《成都、重庆话在四川方言分区中的地位》，文章中谈到盐亭、射洪、西充、彭山、青神、夹江等六县市方言古入声独立。

2012 年，周及徐在《语言研究》第 3 期上发表了《南路话和湖广话的语音特点——兼论四川两大方言的历史关系》。

2013 年，周及徐在《语言研究》第 1 期上发表《从移民史和方言分布看四川方言的历史层次——兼论"南路话"与"湖广话"的区别》，文章从移民史、方言分布、南路话语音角度深入分析四川方言音系的历史层次。

另外，十余年来出版的盐亭、射洪、西充、彭山、青神、夹江等六县市地方志中涉及方言的部分也有简要的音值描写，但均未对这六县市方言依据方言学的科学研究方法进行系统音系描写。

以上研究成果对笔者本书中所作的四川西南部盐亭、射洪、西充、彭山、青神、夹江等六县市方言点语音调查研究具有重要意义，笔者在本书撰写过程

---

① 黄雪贞，《西南官话的分区（稿）》，《方言》，1986 年第 4 期：262—272。

中从上述调查研究中获取了很多珍贵信息。之前专业性、科学性地对盐亭、射洪、西充、彭山、青神、夹江等六县市方言语音的田野调查记音是在 20 世纪 50 年代对四川方言进行的第二次全面普查。随着经济的发展，各种交通工具以及广播、电视、手机等数字媒介广泛使用，各地区区域之间的交流日渐频繁，语音演变的速度正在加快。笔者通过方言田野调查，科学记录如今盐亭、射洪、西充、彭山、青神、夹江等六县市方言语音系统，专业描写这六县市方言音系，深入分析这六县市方言语音资料（例如将这六县市方言语音系统同中古《切韵》《广韵》《集韵》进行全面比较以及各方言点语音之间进行相互比较）以及语音发展演变状况，寻找各方言点语音共时历时变化规律，以期为科学研究盐亭、射洪、西充、彭山、青神、夹江等六县市方言提供全新的、准确的语音资料和语言线索。笔者在研究过程中，参考借鉴了上述重要学术材料。在此笔者谨对这些专业论文及相关著作的前辈学者们深表由衷谢意，对他们的语言学卓越贡献深表诚挚敬意。

二、本书的调查、研究方法及符号说明

（一）本书的调查对象、调查方法及调查所资材料

1. 调查对象

本书所选取的方言田野调查对象，即发音合作人都常年居住于方言调查点当地，没有长时间离开；大部分发音合作人只会说当地方言，部分发音合作人会讲普通话；发音合作人选取的是 50～70 岁的男性，当地方言口音比较稳定，对本地语音与邻近语音具有一定的分辨识别能力；发音合作人具有一定的文化水平，至少有小学或初中文化，否则不能正确识别田野调查录音所用的《四川方言字表》，而若发音合作人文化水平程度太高，说明曾长时间离开过方言调查点当地，当地方言口音很容易受强势方言语音影响；发音合作人的发音器官正常健康，没有生理缺陷。

四川方言点	姓名	性别	出生年月	文化程度	职业	原住地	录音时间	录音地点
盐亭	范宗泽	男	1947	大学	教师	盐亭	2010	盐亭县城
射洪	李玉祥	男	1938	中专	干部	射洪	2009	射洪县太和镇
西充	王文元	男	1947	大专	干部	西充	2010	西充县晋城镇
彭山	周国清	男	1947	中专	教师	彭山	2007	彭山县义和镇

四川方言点	姓名	性别	出生年月	文化程度	职业	原住地	录音时间	录音地点
青神	刘顺连	男	1940	初中	干部	青神	2007	青神县城
夹江	江文远	男	1948	大专	公务员	夹江	2009	夹江县城

对盐亭、射洪、西充、彭山、青神、夹江各方言点语音的田野调查，是用笔记本电脑现场录音，录音方法详见下文。所选发音合作人都是方言调查点当地纯正代表性口音。如果方言调查点当地的区域语音差异较大，会对发音合作人详细标注，但没有进行实地语音考察。

2. 调查方法

笔者语音资料来源于对盐亭、射洪、西充、彭山、青神、夹江等六县市方言的方言田野调查录记音①。

各方言点语音田野调查采用 Audition1.5 语音软件以及上海师范大学潘悟云教授开发的"TFW 田野调查系统"语音软件进行笔记本电脑现场录记音。声调采用 praat 语音软件分析测值。语音技术数据为：采样速率 32000Hz，解析度 16bit，单声道；保存时选择文件类型为：Windows PCM（∗.wav）。录记音、校音整理之后，运用上海师范大学潘悟云教授开发的"方言处理系统"语音软件；听辨音基础上把《方言调查字表》所调查字的声、韵、调录入，进行语音分析处理，最后整理制作形成 Microsoft Visual Foxpro 6.0 数据库形式。各方言点数据库由周及徐先生最终制作提供。为熟悉各方言点语音情况，笔者反复认真校听，并对误记音做了严谨修改。各方言点语音交由周及徐先生最终校听，制作成 Visual Foxpro 数据库；根据数据库分析总结出各方言点声韵调系统，再结合中古《广韵》系统来分析整个方言片区的语音系统，归纳形

---

① 本书中盐亭、射洪、西充、彭山、青神、夹江方言是周艳波、唐毅进行调查，周及徐做了听音校音审核，笔者在此基础上进一步做了方言听音记录、描写、分析研究。特此感谢周及徐和周艳波、唐毅提供的材料支持。笔者在博士学习期间，前往四川遂宁做了方言田野调查研究，再次调查研究了射洪、盐亭、西充方言。关于四川遂宁方言，详细研究内容可以参看笔者的硕士学位论文《四川盐亭等六县市方言音系调查研究》和博士学位论文《四川遂宁地区方言语音系统研究》。

成各方言点语音音系特点之后分别与南路话①、成都话②、北京话③音系进行比较，科学分析总结各方言点音系。

3. 调查所资材料

各方言点田野调查以中国社会科学院语言研究所的《方言调查字表》（修订本 2006 年版）为蓝本，根据四川方言修改后确定统一调查字表《四川方言字表》。去掉方言点当地口音部分不用的字，共计 3592 字。田野调查过程中结合实际情况，当地方言不使用的字跳过不录音，若一字在当地方言中有多种读音则添加词条记录其相应的读音与意义。调查录音时删去了部分不常用的字。

本书还参考了丁声树、李荣编著《方言调查简表》（中国科学院语言研究所 1956 年出版）。

（二）本书的研究方法

第一，采用历史比较语言学的理论和方法，共时描写与历时考察两个层面相结合。笔者对盐亭、射洪、西充、彭山、青神、夹江等六县市方言音系的研究，努力做到把现代方言语音特征与史实记载相印证。既从共时角度对六县市方言的语音音系面貌做科学细致描写，又从历时角度深入研究六县市方言的语音音系演变规律。

第二，语言共时研究与历时解析相结合。笔者将盐亭、射洪、西充、彭山、青神、夹江等六县市方言的语音音系与南路话、成都话、北京话音系进行了比较，更重要的是以中古《广韵》系统作为音韵参照，科学分析了六县市方言语音音系的特征。

第三，宏观研究与微观研究相结合。笔者把对盐亭、射洪、西充、彭山、青神、夹江等六县市方言语音系统的整体考察与单个例字读音的具体分析相结合，这样既可以看到语音发展的整体趋势，又可以发现其中个别单字的特殊音变，由此可以分析发现六县市方言由于受到各种因素影响而在语音音系系统中存在不同的语言演变层次。

---

① 详参周及徐《南路话和湖广话的语音特点——兼论四川两大方言的历史关系》，《语言研究》，2012 年第 3 期：65—77；《从移民史和方言分布看四川方言的历史层次——兼论"南路话"与"湖广话"的区别》，《语言研究》，2013 年第 1 期：52—59。

② 成都话数据库参考北京大学中文系语言学教研室，《汉语方音字汇》（第二版），北京：语文出版社，2003 年。

③ 北京话数据库参考北京大学中文系语言学教研室，《汉语方音字汇》（第二版），北京：语文出版社，2003 年。

第四，本书是笔者在对电脑录音进行科学整理后，在语音数据库的基础上，对盐亭、射洪、西充、彭山、青神、夹江等六县市方言进行描写、比较和归纳，分析音系规律。本书所有语音数据均采自各方言点语音音系数据库。

（三）本书所用符号说明

本书所列举的汉字读音均采用国际音标标注，声调采用五度标调法，中古声调用"平上去入"表示调类。

本书所举例字右下角加注小字，表示此单字在中古《广韵》语音系统的音韵地位，如属于十六摄中的哪一摄，声纽或韵部、调类。例如："张宕摄"右下角加注小字表示"张"是中古宕摄字；"强羣"右下角加注小字表示"强"在中古语音是群母字。又如：習邪缉入 ɕi44，右下角的"邪缉入"表示例字的中古音韵地位是邪母缉韵入声字。

若所举几个相连单字的中古音韵地位相同，则只在最后一字的右下角加注小字标注。例如："目穆牧明屋三入"表示"目穆牧"都是明母屋三韵入声字。

若一个单字语音有新老两派读音，会在此汉字读音后用小五号宋体标注"新"或"老"以示区别。例如："荣 yn21 老、荣 ioŋ21 新"。

若一个单字语音有文白两读，则在汉字读音后用小五号宋体标注"文"或"白"以示区别。例如："铅 tɕhien35 文、铅 yɛn31 白"。

第一章　四川盐亭等六县市的语音系统

第一节　盐亭方言的语音系统

一、盐亭方言声母系统

发音方法			发音部位					
			唇音		舌尖音		舌面音	舌根音
			双唇	唇齿	舌尖前	舌尖中	舌面前	软腭
塞音	清	不送气	p 霸鼻			t 答奠		k 古共
		送气	ph 魄盆			th 突棠		kh 肯狂
塞擦	清	不送气			ʦ 宰赠镇直斩寨掌植		ʨ 箭集警杰	
		送气			ʦh 彩曹畅绸策巢尺承		ʨh 七秦起强	
鼻	浊		m 梅命				ȵ 念宜验	ŋ 傲暗
边	浊					l 耐良腊		
擦音	清			f 匪奉狐	s 伞颂山射室尚属		ɕ 昔像轩夏	x 火撼
	浊			v 武悟	z 柔忍容孕			
零声母					ø 尾尔语衣盂永阳野			

注：盐亭方言共有21个声母（包括零声母），没有舌尖后音 [ʈʂ]、[ʈʂh]、[ʂ]。

盐亭方言声母音值描写：

（1）[p]、[ph] 发音跟普通话相似，送气音送气较强。

（2）[m] 双唇浊鼻音，鼻腔气流比较弱。

（3）[f] 摩擦较重，气流较强。

（4）［v］摩擦重而长，只与元音韵母-u构成音节。

（5）［t］、［th］爆破、送气较强。

（6）［l］发音时气流从口鼻腔同时溢出，形成介于l-、n-之间的自由变体，不具有区别意义的作用，记为l-；但在-æn、-in、-en、-oŋ等带鼻韵尾韵母前，声母受鼻韵尾影响略带鼻音；有-i-、-u-介音的鼻韵尾，不对声母产生影响。

（7）［ts］、［tsh］、［s］舌位较普通话发音稍后，送气较强。

（8）［z］发音摩擦明显而短暂，气流较弱，例外：日 zʅ44。

（9）［tɕ］、［tɕh］、［ɕ］摩擦和送气较强。

（10）［ȵ］① 舌面前浊鼻音，后带摩擦，与细音相拼。

（11）［k］、［kh］、［x］舌位较普通话略后。

（12）［ŋ］舌根浊鼻音，软腭成阻后立即除阻，鼻腔气流短而弱。

二、盐亭方言韵母系统

韵尾	韵头			
	开口呼	齐齿呼	合口呼	撮口呼
无韵尾	ʅ 次诗式日	i 比利己衣帝西息	u 步斧度朱古狐	y 取居宇戌
	ʌ 八扎沙答	iʌ 佳牙夏恰	uʌ 话抓瓦花	
	e 得设白客	ie 跌切揭姐聂接	ue 国或郭获	ye 雪决悦瘸
	o 服读烛末	io 足确虐屈		
	ə 割戈各合			
	ɚ 而耳尔二			
元音韵尾	ai 拜泰才该埃	iai 解介械蟹	uai 帅外怪淮	
	ei 悲妃梅社		uei 醉规堆灰	
	ɑu 包操少浩	iɐu 苗肖校要		
	əu 斗宙周侯	iəu 流酒牛友		

---

① 出现在泥娘母三四等细音。

韵尾	韵头			
	开口呼	齐齿呼	合口呼	撮口呼
鼻音韵尾	æn 半旦善岸	iɛn 编典仙颜店欠焰	uæn 短川款完	yɛn 全原掀院
	en 等升庚芬	in 应名迎彬巾琴	uen 文春坤魂	yn 营旬君韵
	ɑŋ 方堂常刚	iɑŋ 良相强阳	uɑŋ 望庄黄王	
	əŋ 蒙逢萌某			
	oŋ 冬送中弓			ioŋ 穷胸勇兄

注：盐亭方言共有韵母 38 个，分开齐合撮四呼，其中无韵尾韵母 15 个，元音韵尾韵母 9 个，鼻音韵尾韵母 14 个。

盐亭方言韵母音值描写：

（1）［i］作主元音时与标准元音 i 同，在唇音后发音略开，接近 ɿ；作韵头时，通常接近标准元音 i，略短促；作韵尾时舌位较低，接近 e。

（2）［u］舌位比标准元音 u 略低，略前，唇略展；作韵头时，略短促。

（3）［y］可单独构成音节，唇略展，接近于标准元音 y；作韵头时，略短促。

（4）［ɿ］舌尖前不圆唇元音，舌尖较普通话略后，只和 ts-、tsh-、s-、z- 相拼。

（5）［ʌ］、［iʌ］、［uʌ］主元音比标准元音 ʌ 略高。

（6）［o］、［io］主元音比标准元音 o 略开，略前，唇略展。

（7）［ə］与标准元音 ə 同，单独作韵母，是古入声字韵母；如：割 kə44，合 xə44。

（8）［e］、［ie］、［ue］、［ye］主元音与标准元音 e 同。

（9）［ɚ］是央元音 ə 的卷舌音，接近普通话发音。

（10）［ai］、［iai］、［uai］主元音比标准元音 a 略高，i 尾都很松，近似 ɿ。

（11）［ei］、［uei］主元音比标准元音 e 略高，i 尾很松，近似 ɿ。

（12）［ɑu］、［iɐu］主元音比标准元音 ɑ 略前，在 ʌ 和 ɑ 之间，更靠近 ɑ，u 尾很松；［iɐu］韵受介音-i-影响主元音变为了 ɐ。

（13）［uə］、［iəu］主元音是标准央元音 ə，u 尾很松；［uə］韵 ə 音要略短促。

（14）［iɛn］、［yɛn］主元音受介音-i-、-y-的影响变为 ɛ，n 尾稳定。

（15）［æn］、［uæn］主元音 æ 比标准元音 a 略高，n 尾稳定。

（16）〔en〕、〔uən〕主元音比标准元音 e 略后，n 尾稳定；〔uən〕韵受介音影响主元音 ə，略短促；〔yn〕韵主元音 y，尾音 n 稳定。

（17）〔in〕主元音 i 很松，近似 ɪ，尾音 n 稳定。

（18）〔ɑŋ〕、〔iɐŋ〕、〔uɑŋ〕主元音比标准元音 ɑ 略前，在 ʌ 和 ɑ 之间，更靠近 ɑ，尾音 ŋ 稳定；〔iɐŋ〕韵主元音受介音-i-的影响变为了 ɐ。

（19）〔əŋ〕主元音 ə，鼻韵尾完整。

（20）〔oŋ〕、〔ioŋ〕主元音比标准元音 o 略开，略前，唇略展，尾音 ŋ 稳定。

三、盐亭方言声调系统

调类	调值			
	普通话	成都话	盐亭话	例字
阴平	55	45	35	安班杯刀刚歌弓佳央妆/苍芳亨康盔羌桑诗挑兄
阳平	35	21	31	茶成酬逢航胡魂勤陶祥/蓝林矛牛如涯移营原匀
上声	214	42	51	齿楚吼品史水享晓朽选/冷吕母努冉汝吻雅勇羽
去声	51	213	324	案拜报到店告贡建宴壮/敝步洞凤互匠事羡阵座/抱稻父厚静士受项幸柱
入声		21	44	百必福革国接沃足刻恰说宿惜旭雪/勃狄独伐或寂偓石择族力没目役月

注：辅以用 praat 语音软件测值计算，并观察声调曲线。表中用"/"隔开的是不同声母发音方法类。

（1）阴平 35，高升调。

（2）阳平 31，低降调。

（3）上声 51，全降调。

（4）去声 324，低降升调。

（5）入声 44，半高平调。

第二节 射洪方言的语音系统

一、射洪方言声母系统

发音方法		发音部位						
		唇音		舌尖音		舌面音		舌根音
		双唇	唇齿	舌尖前	舌尖中	舌面前	舌面中	软腭
塞音 清	不送气	p 碧白			t 店独			k 该共
	送气	ph 盼培			th 透堂			kh 考狂
塞擦 清	不送气			ts 宰贼张直斩寨照楂		tɕ 迹辑角杰		
	送气			tsh 苍材祠逞长策查齿诚		tɕh 七樵汽勤		
鼻 浊		m 盟秒				nʑ 碾峇谊		ŋ 岸奥
边 浊					l 耐利吟			
擦音 清			f 奋奉胡	s 伞祀士史射势石		ɕ 笑席轩幸		x 黑厚
浊				z 任日阮孕			j 樱倚野	
央近音 浊		w 武悟						
零声母		ø 晚尔语衣宇焰译						

注：射洪方言共有22个声母（包括零声母），没有舌尖后音［tʂ］、［tʂh］、［ʂ］。

射洪方言声母音值描写：

（1）［p］、［ph］发音跟普通话相似，送气音送气较强。

（2）［m］双唇浊鼻音，鼻腔气流比较弱。

（3）［f］摩擦较重，气流较强。

（4）［w］浊近音，实际是双唇浊擦音［β］，只与元音韵母-u构成音节。

（5）［t］、［th］爆破、送气较强。

（6）［l］发音时气流从口鼻腔同时溢出，形成介于l-、n-之间的自由变体，不具有区别意义的作用，记为l-；但在-æn、-in、-en、-oŋ等带鼻韵尾韵母前，声母受鼻韵尾影响略带鼻音；有-i-、-u-介音的鼻韵尾，不对声母产生影响。

（7）［ts］、［tsh］、［s］舌位较普通话发音稍后，送气较强。

11

（8）［z］发音摩擦明显而短暂，气流较弱，例外：日 zʅ44。

（9）［tɕ］、［tɕh］、［ɕ］摩擦和送气较强。

（10）［n̠ʑ］① 舌面前浊鼻音，后带摩擦，与细音相拼。

（11）［j］② 舌面中浊擦音，只与韵母-i，-ie，-in 构成音节。

（12）［k］、［kh］、［x］舌位较普通话略后。

（13）［ŋ］舌根浊鼻音，软腭成阻后立即除阻，鼻腔气流短而弱。

二、射洪方言韵母系统

韵尾	韵头			
	开口呼	齐齿呼	合口呼	撮口呼
无韵尾	ʅ 祠池时式	i 眉更技易题西计	u 熟步父途住舒	y 旅取距羽
	A 伐马查答	iA 家夏亚恰	uA 挂刷挖跨	
	e 塞社百革	ie 灭跌杰写野叶	ue 国或括获	ye 雪月悦靴
	o 墓坡坐禾			
	ə 割科各喝			
	ɵ 卜桌末络	iɵ 宿角雀约		
	ɚ 而耳尔二			
元音韵尾	ai 派台栽改埃	iai 解介界蟹	uai 揣外乖歪	
	ei 碑非妹回		uei 炊规威退	
	au 豹盗烧号	iɛu 秒挑宵邀		
	əu 斗绸守偶	iəu 留酒牛友		
鼻音韵尾	æn 半弹竿南	iæn 辨典建迁堰严嫌	uæn 段算船冠	yæn 全元玄沿
	en 登升耕粉	in 兵定晶民巾吟	uən 文顺昆稳	yin 营旬均韵
	aŋ 帮苍张常	iaŋ 良将强央	uaŋ 望爽狂旺	
	əŋ 疯某			
	oŋ 逢东中攻			ioŋ 穷胸容兄

注：射洪方言共有韵母 39 个，分开齐合撮四呼，其中无韵尾韵母 16 个，元音韵尾韵母 9 个，鼻音韵尾韵母 14 个。

---

① 出现在泥娘母三四等细音。

② 出现在齐齿零声母前的 j-，在无鼻音时更明显。

射洪方言韵母音值描写：

（1）［i］作主元音时与标准元音 i 同，在唇音后发音略开，接近 ɪ；作韵头时，通常接近标准元音 i，略短促；作韵尾时舌位较低，接近 e。

（2）［u］舌位比标准元音 u 略低，略前，唇略展；作韵头时，略短促。

（3）［y］可单独构成音节，唇略展，接近于标准元音 y；作韵头时，略短促。

（4）［ɿ］舌尖前不圆唇元音，舌尖较普通话略后，只和 ts-、tsh-、s-、z- 相拼。

（5）［ʌ］、［iʌ］、［uʌ］主元音比标准元音ʌ略高。

（6）［o］主元音比标准元音 o 略开，略前，唇略展。

（7）［ə］与标准元音 ə 同，单独作韵母，是古入声字韵母；如：割 kə44，合 xə44。

（8）［ɵ］、［iɵ］主元音与标准元音ɵ同，单独作韵母或前加韵头，是古入声字韵母；如：木 mɵ44，桌 tsɵ44，足 tɕiɵ44，岳 iɵ44。

（9）［e］、［ie］、［ue］、［ye］主元音与标准元音 e 同。

（10）［ɚ］是央元音 ə 的卷舌音，接近普通话发音。

（11）［ai］、［iai］、［uai］主元音比标准元音 a 略高，i 尾都很松，近似 ɪ。

（12）［ei］、［uei］主元音比标准元音 e 略高，i 尾很松，近似 ɪ。

（13）［au］、［iɐu］主元音比标准元音 a 略前，在 ʌ 和 ɑ 之间，更靠近 ɑ，u 尾很松；［iɐu］韵受介音-i-影响主元音变为了 ɐ。

（14）［əu］、［iəu］主元音是标准央元音 ə，u 尾很松；［iəu］韵 ə 音要略短促。

（15）［iɛn］、［yɛn］主元音受介音-i-、-y-的影响变为 ɛ，n 尾稳定。

（16）［æn］、［uæn］主元音 æ 比标准元音 a 略高，n 尾稳定。

（17）［en］、［uən］主元音比标准元音 e 略后，n 尾稳定；［uən］韵受介音影响主元音 ə 略短促；［yin］韵主元音是［y］，［i］是过渡音，受介音影响变为 i，比标准元音 i 松且略后、略短促，尾音 n 稳定。

（18）［in］主元音 i 很松，近似 ɪ，尾音 n 稳定。

（19）［aŋ］、［iɐŋ］、［uɑŋ］主元音比标准元音 ɑ 略前，在 ʌ 和 ɑ 之间，更靠近 ɑ，尾音 ŋ 稳定；［iɐŋ］韵主元音受介音-i-的影响变为了 ɐ。

（20）［əŋ］主元音 ə，鼻韵尾完整。

（21）［oŋ］、［ioŋ］主元音高低同于标准元音［o］，唇略展，尾音 ŋ 稳定。

三、射洪方言声调系统

调类	调值			
	普通话	成都话	盐亭话	例字
阴平	55	45	45	安班冬方弓冠交伊音诸/玻差夯灰篇羌梢生先轩
阳平	35	21	31	才成房芙弘狐朋琴强弦/昂蓝狼盟民戎蓉涯营原
上声	214	42	51	彩楚肯品巧使爽妥享选/冷旅马猛暖忍雅眼勇友
去声	51	213	435	爱暗贡故见教慰燕志醉/避步度饭汗幻佩尚现字/伴待愤旱浩巨社项造柱
入声		21	44	百卜跌法革吉甲雀屋益约则职桌足/勃笛毒捷十熟俗特习学宅直着族昨

注：辅以用 praat 语音软件测值计算，并观察声调曲线。表中用"/"隔开的是不同声母发音方法类。

(1) 阴平 45，高升调。

(2) 阳平 31，低降调。

(3) 上声 51，全降调。

(4) 去声 435，中降升调。

(5) 入声 44，半高平调。

第三节　西充方言的语音系统

一、西充方言声母系统

发音方法		发音部位						
		唇音		舌尖音			舌面音	舌根音
		双唇	唇齿	舌尖前	舌尖中	舌尖后	舌面前	软腭
塞音	清 不送气	p 笔辫			t 岛定			k 冠共
	清 送气	ph 盼蓬			th 太桃			kh 勘逵
塞擦	清 不送气			ts 早暂展宙捉栈整触		tʂ 祖仲皱寨证植	tɕ 晋捷讲近	
	清 送气			tsh 草材祠趁程册查唱丞		tʂh 促粹场窗赤船	tɕh 请樵器琴	

14

发音方法		发音部位						
		唇音		舌尖音			舌面音	舌根音
		双唇	唇齿	舌尖前	舌尖中	舌尖后	舌面前	软腭
鼻音	浊	m 名勉					ȵ 泥碾仰	ŋ 傲暗
边	浊				l 奈郎亮			
擦音	清		f 粉釜狐	s 散寺爽示身圣社		ʂ 数食识石	ɕ 想绪希学	x 汉幻
	浊		v 舞伍	z 仁染乳孕		ʐ 如日锐裕		
零声母		ø 味遇音王泳悠易						

注：西充方言共有 25 个声母（包括零声母）。

西充方言声母音值描写：

（1）[p]、[ph] 发音跟普通话相似，送气音送气较强。

（2）[m] 双唇浊鼻音，鼻腔气流比较弱。

（3）[f] 摩擦较重，气流较强。

（4）[v] 摩擦重而长，只与元音韵母-u构成音节。

（5）[t]、[th] 爆破、送气较强。

（6）[l] 发音时气流从口鼻腔同时溢出，形成介于l-、n-之间的自由变体，不具有区别意义的作用，记为l-；但在-æn、-in、-en、-oŋ等带鼻韵尾韵母前，声母受鼻韵尾影响略带鼻音；有-i-、-u-介音的鼻韵尾，不对声母产生影响。

（7）[ts]、[tsh]、[s] 舌位较普通话发音稍后，送气较强。

（8）[tʂ]、[tʂh]、[ʂ]① 舌位与普通话相比略后，送气较强。

（9）[z] 发音摩擦明显而短暂，气流较弱，例外：日 zʅ44。

（10）[ʐ] 发音摩擦明显而短暂，声带颤动，气流带音。如：锐 ʐuei325。

（11）[tɕ]、[tɕh]、[ɕ] 摩擦和送气较强。

（12）[ȵ]② 舌面前浊鼻音，后带摩擦，与细音相拼。

（13）[k]、[kh]、[x] 舌位较普通话略后。

（14）[ŋ] 舌根浊鼻音，软腭成阻后立即除阻，鼻腔气流短而弱。

---

① 遇摄合口一三等舒声、通摄合口一三等舒声端系精组知系知章组、深臻曾梗摄开口三等入声知系知章组保留了翘舌读法。

② 出现在泥娘母三四等细音。

二、西充方言韵母系统

韵尾	韵头			
	开口呼	齐齿呼	合口呼	撮口呼
无韵尾	ɿ 司池师示	i 比里技易题西计	u 普斧徒朱古互	y 女取居雨
	A 伐霸查踏	iA 家霞甲峡	uA 卦抓夸化	
	e 测者百革	ie 去例跌捏（仅 4 字）	ue 喂国括阔扩（仅 5 字）	ye 雪月决瘸
	æ 察瑟插摄		uæ 啄或滑获	
	o 福竹烛桌	io 肃育确脚		
	ə 而耳哥个		uə 姑（仅 1 字）	
	ʅ 食石室执			
元音韵尾	ai 埋殆菜概矮	iai 解戒谐械	uai 揣外怪淮	
	ei 悲飞媒射		uei 翠贵委魁	
	ɑu 跑造照豪	iɐu 秒雕消交		
	əu 透宙搜舟	iəu 流酒丘幽		
鼻音韵尾	æn 畔坦岸杉	iɛn 勉天剪延甜剑焰	uæn 短算冠完	yɛn 泉原玄援
	en 等承成硬	in 凌名听晴民今	uen 纹醇困婚	yn 琼营均韵
	ɑŋ 忙苍章康	iɑŋ 良祥强扬	uɑŋ 忘爽狂皇	
	oŋ 风统终红			ioŋ 穷胸容兄

注：西充方言共有韵母 40 个，分开齐合撮四呼，其中无韵尾韵母 18 个，元音韵尾韵母 9 个，鼻音韵尾韵母 13 个。

西充方言韵母音值描写：

（1）[i] 作主元音时与标准元音 i 同，在唇音后发音略开，接近 ɿ；作韵头时，通常接近标准元音 i，略短促；作韵尾时舌位较低，接近 e。

（2）[u] 舌位比标准元音 u 略低，略前，唇略展；作韵头时，略短促。

（3）[y] 可单独构成音节，唇略展，接近于标准元音 y；作韵头时，略短促。

（4）[ɿ] 舌尖前不圆唇元音，舌尖较普通话略后，只和 ts-、tsʰ-、s-、z- 相拼。

（5）[ʅ] 舌尖后不圆唇元音，舌尖较普通话略后，只和 tʂ-、tʂʰ-、ʂ-、ʐ- 相拼。单独作韵母，是古入声字韵母。如：直 tʂʅ44，尺 tʂʰʅ44，十 ʂʅ44，日 ʐʅ44。

（6）[ʌ]、[iʌ]、[uʌ] 主元音比标准元音 ʌ 略高。

（7）[o]、[io] 主元音比标准元音 o 略开，略前，唇略展。

（8）[ə] 与标准元音 ə 同，接近普通话发音；自成音节时，是央元音 ə 的卷舌音 ɚ 音位变体。如：而 ə32，尔 ə51，哥 kə35。

（9）[e]、[ie]、[ue]、[ye] 主元音与标准元音 e 同。

（10）[æ]、[uæ] 主元音与标准元音 æ 同，单独作韵母或前加韵头，是古入声字韵母。如：察 tshæ44，涉 sæ44，或 xuæ44，获 xuæ44。

（11）[uə] 主元音比标准元音 ə 略开，略后，唇略展。如：姑 kuə44。

（12）[ai]、[iai]、[uai] 主元音比标准元音 a 略高，i 尾都很松，近似 ɪ。

（13）[ei]、[uei] 主元音比标准元音 e 略高，i 尾很松，近似 ɪ。

（14）[au]、[iau] 主元音比标准元音 ɑ 略前，在 ʌ 和 ɑ 之间，更靠近 ɑ，u 尾很松；[iau] 韵受介音-i-影响主元音变为了 ɐ。

（15）[əu]、[iəu] 主元音是标准央元音 ə，u 尾很松；[iəu] 韵 ə 音要略短促。

（16）[iɛn]、[yɛn] 主元音受介音-i-、-y-的影响变为 ɛ，n 尾稳定。

（17）[æn]、[uæn] 主元音 æ 比标准元音 a 略高，n 尾稳定。

（18）[en]、[uən] 主元音比标准元音 e 略后，n 尾稳定；[uən] 韵受介音影响主元音 ə 略短促；[yn] 韵主元音 y，尾音 n 稳定。

（19）[in] 主元音 i 很松，近似 ɪ，尾音 n 稳定。

（20）[ɑŋ]、[iɑŋ]、[uɑŋ] 主元音比标准元音 ɑ 略前，在 ʌ 和 ɑ 之间，更靠近 ɑ，尾音 ŋ 稳定；[iɑŋ] 韵主元音受介音-i-的影响变为了 ʊ。

（21）[oŋ]、[ioŋ] 主元音比标准元音 o 略开，略前，唇略展，尾音 ŋ 稳定。

三、西充方言声调系统

调类	调值			
	普通话	成都话	盐亭话	例字
阴平	55	45	35	安般刀飞甘攻尖晶伊舟/超纷花辉宽妻青商思宣
阳平	35	21	32	常酬符虹皇皮泉藤玄肴/兰忙荣忘雄言阳夷元缘
上声	214	42	51	产喊凯恐巧闪矢所享醒/朗领某阮吻引友宇语允
去声	51	213	325	贝当富贡桂寄界敬志纵/焙段汗话瑞誓现阵宙状/部荡愤亥技菌市重柱篆
入声		21	44	必博答福革国菊沃窄卓酷七说惜血/狄伐及石术习泽植族腊立略牧育阅

注：辅以用 praat 语音软件测值计算，并观察声调曲线。表中用"/"隔开的是不同声母发音方法类。

（1）阴平 35，高升调。

（2）阳平 32，中降调。

（3）上声 51，全降调。

（4）去声 325，低降全升调。

（5）入声 44，半高平调。

第四节　彭山方言的语音系统

一、彭山方言声母系统

发音方法			发音部位				
			唇音		舌尖音		舌面音	舌根音
			双唇	唇齿	舌尖前	舌尖中	舌面前	软腭
塞音	清	不送气	p 版辩				t 冻道	k 够逛
		送气	ph 盼平				th 太谈	kh 寇葵
塞擦音	清	不送气			ʦ 奏暂智杖斩寨支政		ʨ 晋匠架健	
		送气			ʦh 草财趁橙插巢倡船辰		ʨh 秋晴起擒	
鼻	浊		m 盟末				ȵ 念疑验	ŋ 岸蔼
边	浊					l 耐离亮		
擦音	清			f 粉奉湖	s 桑颂沙示诗胜慎		ɕ 讯席向幸	x 豁痕
	浊				z 然若阮孕			
零声母			ø 物虞因荣韵杨演					

注：彭山方言共有20个声母（包括零声母），没有舌尖后音［ʈʂ］、［ʈʂh］、［ʂ］。

彭山方言声母音值描写：

（1）［p］、［ph］发音跟普通话相似，送气音送气较强。

（2）［m］双唇浊鼻音，鼻腔气流比较弱。

（3）［f］摩擦较重，气流较强。

（4）［t］、［th］爆破、送气较强。

（5）［l］发音时气流从口鼻腔同时溢出，形成介于 l-、n- 之间的自由变体，不具有区别意义的作用，记为 1-；但在-an、-in、-en、-oŋ 等带鼻韵尾韵母前，声母受鼻韵尾影响略带鼻音；有-i-、-u-介音的鼻韵尾，不对声母产生影响。

（6）[ts]、[tsh]、[s] 舌位较普通话发音稍后，送气较强。

（7）[z] 发音摩擦明显而短暂，气流较弱，例外：日 zə35。

（8）[tɕ]、[tɕh]、[ɕ] 摩擦和送气较强。

（9）[ȵ]① 舌面前浊鼻音，后带摩擦，与细音相拼。

（10）[k]、[kh]、[x] 舌位较普通话略后。

（11）[ŋ] 舌根浊鼻音，软腭成阻后立即除阻，鼻腔气流短而弱。

二、彭山方言韵母系统

韵尾	韵头			
	开口呼	齐齿呼	合口呼	撮口呼
无韵尾	ɿ 次知止世	i 皮离寄椅帝西谢	u 捕赴住恕鼓波	y 旅须去榆
	ᴀ 八麻查纳	iᴀ 佳雅下恰	uᴀ 挂猾跨花	
	o 督足祝卓	io 育岳越脚		
	ə 福食石十			
		iɛ 切界息揭席接		yɛ 薛屑决橘
	ər 二而耳饵			
元音韵尾	ai 排代财该设		uai 捽筷国廓	
	ei 披配推射		uei 醉规威灰	
	ɑu 炮桃造告	iɑu 妙焦校耀		
	əu 斗抽周寇	iəu 柳九休友		
鼻音韵尾	an 班但扇含	iɛn 篇仙眼店尖验掩	uan 算船宽完	yɛn 全原喧捐
	en 等胜政深	in 兵订更敬辛勤	uən 文春昆魂	yn 琼迅群韵
	ɑŋ 邦荡常抗	iɑŋ 江良匠阳	uɑŋ 窗忘霜黄	
	əŋ 蒙风萌苗			
	oŋ 冬宗充弓			ioŋ 穷胸容泳

注：彭山方言共有韵母 35 个，分开齐合撮四呼，其中无韵尾韵母 13 个，元音韵尾韵母 8 个，鼻音韵尾韵母 14 个。

---

① 出现在泥娘母三四等细音。

彭山方言韵母音值描写：

（1）［i］作主元音时与标准元音 i 同，在唇音后发音略开，接近 ɪ；作韵头时，通常接近标准元音 i，略短促；作韵尾时舌位较低，接近 e。

（2）［u］舌位比标准元音 u 略低，略前，唇略展；作韵头时，略短促。

（3）［y］可单独构成音节，唇略展，接近于标准元音 y；作韵头时，略短促。

（4）［ɿ］舌尖前不圆唇元音，舌尖较普通话略后，只和 ts-、tsʰ-、s-、z-相拼。

（5）［ʌ］、［iʌ］、［uʌ］主元音比标准元音ʌ略高。

（6）［o］、［io］主元音比标准元音 o 略开，略前，唇略展。

（7）［ə］与标准元音 ə 同，单独作韵母，是古入声字韵母，如：福 fə35，植 tsə35。

（8）［iɛ］、［yɛ］主元音与标准元音 ɛ 同，单独作韵母或前加韵头，是古入声字韵母。如：界 tɕiɛ324，惜 ɕiɛ35，薛 ɕyɛ35，橘 tɕyɛ35。

（9）［ər］是央元音 ə 的卷舌音，接近普通话发音。

（10）［ai］、［uai］主元音比标准元音 a 略高，i 尾都很松，近似 ɪ。

（11）［ei］、［uei］主元音比标准元音 e 略高，i 尾很松，近似 ɪ。

（12）［au］、［iau］主元音比标准元音 ɑ 略前，在 ʌ 和 ɑ 之间，更靠近 ɑ，u 尾很松。

（13）［əu］、［iəu］主元音是标准央元音 ə，u 尾很松；［iəu］韵 ə 音要略短促。

（14）［iɛn］、［yɛn］主元音受介音-i-、-y-的影响变为 ɛ，n 尾稳定。

（15）［an］、［uan］主元音 a 比标准元音 a 略高，n 尾稳定。

（16）［en］、［uən］主元音比标准元音 e 略后，n 尾稳定；［uən］韵受介音影响主元音 ə 略短促；［yn］韵主元音 y，尾音 n 稳定。

（17）［in］主元音 i 很松，近似 ɪ，尾音 n 稳定。

（18）［aŋ］、［iaŋ］、［uaŋ］主元音比标准元音 ɑ 略前，在 ʌ 和 ɑ 之间，更靠近 ɑ，尾音 ŋ 稳定。

（19）［əŋ］主元音 ə，鼻韵尾完整。

（20）［oŋ］、［ioŋ］主元音比标准元音 o 略开，略前，唇略展，尾音 ŋ 稳定。

三、彭山方言声调系统

调类	调值			
	普通话	成都话	盐亭话	例字
阴平	55	45	55	波颁风雕姿晶忠居根依/泡妃夭操枪西仙初溪空
阳平	35	21	31	皮蹄田裁泉旋时旗荷形/麻明文年劳燃危余缘蓉
上声	214	42	52	妥娶请逞史暑垮巧伙享/米敏晚暖理汝软眼野勇
去声	51	213	324	霸豹富钓祭晋致战界宴/捕附盗净羡绽授护效恨/倍犯稻造象是菌浩幻项
入声		21	35	博福德卒卓质决国约屋踢速出屈黑/勃特绝席食局合获墨麦列热岳药浴

注：辅以用 praat 语音软件测值计算，并观察声调曲线。表中用"/"隔开的是不同声母发音方法类。

（1）阴平 55，高平调。

（2）阳平 31，低降调。

（3）上声 52，高降调。

（4）去声 324，中降升调。

（5）入声 35，高升调。

第五节　青神方言的语音系统

一、青神方言声母系统

发音方法			发音部位					
			唇音		舌尖音		舌面音	古根音
			双唇	唇齿	舌尖前	舌尖中	舌面前	软腭
塞音	清	不送气	p 百鼻			t 德动		k 稿逛
		送气	ph 票频			th 汤桃		kh 勘葵
塞擦	清	不送气			ts 奏赠帐阵斩寨志植		tɕ 酒集涑健	
		送气			tsh 灿曹畅持策查唱承		tɕh 迁情却棋	

续表

发音方法		发音部位					
		唇音		舌尖音		舌面音	舌根音
		双唇	唇齿	舌尖前	舌尖中	舌面前	软腭
鼻	浊	m 魔漫					ŋ 偶按
边	浊				n 奈领谊		
擦音	清		f 奋凤胡	s 索寺杉晒射圣尚		ɕ 秀夕向幸	x 吼幻
	浊		v 务悟	z 燃让润孕			
零声母		ø 望娱音员永盈翼					

注：青神方言共有20个声母（包括零声母），没有舌尖后音〔tʂ〕、〔tʂh〕、〔ʂ〕。

青神方言声母音值描写：

（1）〔p〕、〔ph〕发音跟普通话相似，送气音送气较强。

（2）〔m〕双唇浊鼻音，鼻腔气流比较弱。

（3）〔f〕摩擦较重，气流较强。

（4）〔v〕摩擦重而长，只与元音韵母-u构成音节。

（5）〔t〕、〔th〕爆破、送气较强。

（6）〔n〕舌尖前浊鼻音，后带摩擦，与洪细音相拼。发音时气流从口鼻腔同时溢出，形成介于n-、l-之间的自由变体，不具有区别意义的作用，记为n-；但在-an、-in、-en、-oŋ等带鼻韵尾韵母前，声母受鼻韵尾影响略带鼻音；有-i-、-u-介音的鼻韵尾，不对声母产生影响。

（7）〔ts〕、〔tsh〕、〔s〕舌位较普通话发音稍后，送气较强。

（8）〔z〕发音摩擦明显而短暂，气流较弱，例外：日zə23。

（9）〔tɕ〕、〔tɕh〕、〔ɕ〕摩擦和送气较强。

（10）〔k〕、〔kh〕、〔x〕舌位较普通话略后。

（11）〔ŋ〕舌根浊鼻音，软腭成阻后立即除阻，鼻腔气流短而弱。

二、青神方言韵母系统

韵尾	韵头			
	开口呼	齐齿呼	合口呼	撮口呼
无韵尾	ɿ 姿治史示	i 比利记伊低西谢	u 部付途书故火	y 旅取具余
	A 麻沙他炸	iA 家夏亚恰	uA 挂挖夸华	
	æ 北则舌麦	iæ 辖陷甲匣	uæ 啄刷括猾	
	o 赂黍歌科			yo 菊育月虐
	ɛ 壳割各合	iɛ 解息兔天揭席		
	ə 职尺质十			
	ɵ 服足粥卓			
	ɚ 二而耳饵			
元音韵尾	ai 买代才盖蔗		uai 帅怪淮扩	
	ei 悲非梅者		uei 翠贵位回	
	ɑu 毛曹找告	iɑu 飘条乔邀		
	əu 头宙首寇	iəu 柳酒求尤		
鼻音韵尾	an 盼弹男敢	iɛn 编年眼演渐剑艳	uan 端穿管完	yɛn 泉原喧捐
	en 藤胜成纷	in 应评庭净辛引	uən 文春昆浑	yn 永迅军匀
	ɑŋ 邦当张尚	iɑŋ 亮匠仰央	uɑŋ 忘妆狂皇	
	əŋ 蒙奉烹盟			
	oŋ 通忠充虹			yoŋ 胸容兄勋

注：青神方言共有韵母 39 个，分开齐合撮四呼，其中无韵尾韵母 17 个，元音韵尾韵母 8 个，鼻音韵尾韵母 14 个。

青神方言韵母音值描写：

（1）[i] 作主元音时与标准元音 i 同，在唇音后发音略开，接近 ɪ；作韵头时，通常接近标准元音 i，略短促；作韵尾时舌位较低，接近 e。

（2）[u] 舌位比标准元音 u 略低，略前，唇略展；作韵头时，略短促。

（3）[y] 可单独构成音节，唇略展，接近于标准元音 y；作韵头时，略短促。

（4）[ɿ] 舌尖前不圆唇元音，舌尖较普通话略后，只和 ts-、tsʰ-、s-、z- 相拼。

（5）[ʌ]、[iʌ]、[uʌ] 主元音比标准元音ʌ略高。

（6）[o] 主元音比标准元音 o 略开，略前，唇略展。

（7）[yo] 主元音比标准元音 o 略开，略前，唇略展。单独作韵母，是古入声字韵母。如：曲 tɕhyo23，约 yo23。

（8）[ɛ]、[iɛ] 主元音与标准元音 ɛ 同，单独作韵母或前加韵头，是古入声字韵母。如：割 kɛ23，合 xɛ23，解 tɕiɛ42，棉 miɛ21，揭 tɕiɛ23，锡 ɕiɛ23。

（9）[ə] 与标准元音 ə 同，单独作韵母，是古入声字韵母；如：职 tsə23，石 sə23。

（10）[ɵ] 主元音与标准元音 ɵ 同，单独作韵母，是古入声字韵母。如：福 fɵ23，蜀 sɵ23，末 mɵ23，说 sɵ23。

（11）[æ]、[iæ]、[uæ] 主元音与标准元音 æ 同，单独作韵母或前加韵头，是古入声字韵母。如：则 tsæ23，百 pæ23，夹 tɕiæ23，匣 tɕiæ23，刷 suæ23，滑 xuæ23。

（12）[ɚ] 是央元音 ə 的卷舌音，接近普通话发音。

（13）[ai]、[uai] 主元音比标准元音 a 略高，i 尾都很松，近似 ɪ。

（14）[ei]、[uei] 主元音比标准元音 e 略高，i 尾很松，近似 ɪ。

（15）[au]、[iau] 主元音比标准元音 ɑ 略前，在 ʌ 和 ɑ 之间，更靠近 ɑ，u 尾很松。

（16）[əu]、[iəu] 主元音是标准央元音 ə，u 尾很松；[iəu] 韵 ə 音要略短促。

（17）[iɛn]、[yɛn] 主元音受介音-i-、-y-的影响变为 ɛ，n 尾稳定。

（18）[an]、[uan] 主元音 a 比标准元音 a 略高，n 尾稳定。

（19）[en]、[uən] 主元音比标准元音 e 略后，n 尾稳定；[uən] 韵受介音影响主元音 ə 略短促；[yn] 韵主元音 y，尾音 n 稳定。

（20）[in] 主元音 i 很松，近似 ɪ，尾音 n 稳定。

（21）[aŋ]、[iaŋ]、[uaŋ] 主元音比标准元音 ɑ 略前，在 ʌ 和 ɑ 之间，更靠近 ɑ，尾音 ŋ 稳定。

（22）[əŋ] 主元音 ə，鼻韵尾完整。

（23）[oŋ]、[yoŋ] 主元音比标准元音 o 略开，略前，唇略展，尾音 ŋ 稳定。

三、青神方言声调系统

调类	调值			
	普通话	成都话	盐亭话	例字
阴平	55	45	44	碑方端津珍妆征加甘幽/篇翻偷操亲西侦霜刊香
阳平	35	21	21	培帆徒才寻斜程神霞虹/迷纹宁梨如愚迎尤雄溶
上声	214	42	42	保府斗姐酒拯鼓九倚影/美母挽努里乳雅眼往涌
去声	51	213	213	布帝借醉注圳盖救供应/佩份度穗稚示贺慧现巷/棒负盾聚皂似善强后幸
入声		21	23	博碧督则足卓汁急骨约脱惜触屈旭/帛伏达疾直十合活穴或没麦历越疫

注：辅以用 praat 语音软件测值计算，并观察声调曲线。表中用"/"隔开的是不同声母发音方法类。

（1）阴平 44，半高平调。

（2）阳平 21，低降调。

（3）上声 42，中降调。

（4）去声 213，低降升调。

（5）入声 23，中升调。

第六节　夹江方言的语音系统

一、夹江方言声母系统

发音方法			发音部位					
			唇音		舌尖音		舌面音	舌根音
			双唇	唇齿	舌尖前	舌尖中	舌面前	软腭
塞音	清	不送气	p 笔伴			t 等盗		k 敢共
		送气	ph 魄蓬			th 躺淘		kh 勘逵
塞擦	清	不送气			ts 赞造置宙眨寨震植		tɕ 晶静狡健	
		送气			tsh 采曹寺逞澄插柴尺船成		tɕh 七晴庆强	

续表

发音方法		发音部位					
		唇音		舌尖音		舌面音	舌根音
		双唇	唇齿	舌尖前	舌尖中	舌面前	软腭
鼻	浊	m 盟暮					ŋ 傲暗
边	浊				n 耐亮验		
擦音	清		f 放筏狐	s 散颂士爽剩胜甚		ɕ 相习兴夏	x 虎翰
	浊		v 味悟	z 柔壤忍孕			
零声母				ø 万原英王宇阳野			

注：夹江方言共有20个声母（包括零声母），没有舌尖后音 [tʂ]、[tʂh]、[ʂ]。

盐亭方言声母音值描写：

（1）[p]、[ph] 发音跟普通话相似，送气音送气较强。

（2）[m] 双唇浊鼻音，鼻腔气流比较弱。

（3）[f] 摩擦较重，气流较强。

（4）[v] 摩擦重而长，只与单元音韵母-u、复元音韵母-ei 构成音节。

（5）[t]、[th] 爆破、送气较强。

（6）[n] 舌尖中浊鼻音，后带摩擦，与洪细音相拼。发音时气流从口鼻腔同时溢出，形成介于 n-、1-之间的自由变体，不具有区别意义的作用，记为 n-；但在-an、-in、-en、-oŋ 等带鼻韵尾韵母前，声母受鼻韵尾影响略带鼻音；有-i-、-u-介音的鼻韵尾，不对声母产生影响。

（7）[ts]、[tsh]、[s] 舌位较普通话发音稍后，送气较强。

（8）[z] 发音摩擦明显而短暂，气流较弱，例外：日 zʅ45。

（9）[tɕ]、[tɕh]、[ɕ] 摩擦和送气较强。

（10）[k]、[kh]、[x] 舌位较普通话略后。

（11）[ŋ] 舌根浊鼻音，软腭成阻后立即除阻，鼻腔气流短而弱。

二、夹江方言韵母系统

韵尾	韵头			
	开口呼	齐齿呼	合口呼	撮口呼
无韵尾	ɿ 祠视食汁	i 鼻理技意提西籍	u 服叔谱府住恕	y 旅聚去榆
	ᴀ 伐帕榨答	iᴀ 佳牙霞亚	uᴀ 话猾跨化	
	e 车社惹给	ie 解灭列借射叶		ye 岳月雀倔
	o 卓末坡坐	io 角学阅药		
	ɔ 渴科各喝			
		iu 肃曲蓄域		
	ɚ 而耳尔二			
元音韵尾	ai 排袋慨贼哲		uai 率外快槐	
	ei 寐匪委梅		uei 醉鬼退灰	
	ɑu 貌遭少号	iɑu 秒挑宵要		
	əu 透酬偶侯	iəu 留修牛友		
鼻音韵尾	an 版炭刊蓝	iɛ̃ 变典仙柬甜验厌	uan 端传宽欢	yɛ̃ 旋权玄缘
	en 等承政申	in 陵兵顶井民钦	uən 文寸春魂	yin 营荀郡云
	ɑŋ 帮宕张刚	iɑŋ 良想羌阳	uɑŋ 忘庄黄干	
	oŋ 风东中攻			yoŋ 穷胸容兄

注：夹江方言共有韵母 36 个，分开齐合撮四呼，其中无韵尾韵母 15 个，元音韵尾韵母 8 个，鼻音韵尾韵母 13 个。

夹江方言韵母音值描写：

（1）［i］作主元音时与标准元音 i 同，在唇音后发音略开，接近 ɪ；作韵头时，通常接近标准元音 i，略短促；作韵尾时舌位较低，接近 e。

（2）［u］舌位比标准元音 u 略低，略前，唇略展；作韵头时，略短促。

（3）［y］可单独构成音节，唇略展，接近于标准元音 y；作韵头时，略短促。

（4）［ɿ］舌尖前不圆唇元音，舌尖较普通话略后，只和 ts-、tsʰ-、s-、z- 相拼。

（5）［ᴀ］、［iᴀ］、［uᴀ］主元音比标准元音 ᴀ 略高。

（6）［o］、［io］主元音比标准元音 o 略开，略前，唇略展。

（7）［ə］与标准元音 ə 同，单独作韵母，是古入声字韵母。如：哥 kə33，棵 khə33，渴 khə33，获 xə45。

（8）［iu］主元音比标准元音 u 略开，略前，唇略展，是古入声字韵母。如：俗 ɕiu45，曲 tɕhiu45，域 iu45，屈 tɕhiu45。

（9）［e］、［ie］、［ye］主元音与标准元音 e 同。

（10）［ɚ］是央元音 ə 的卷舌音，接近普通话发音。

（11）［ai］、［uai］主元音比标准元音 a 略高，i 尾都很松，近似 ɪ。

（12）［ei］、［uei］主元音比标准元音 e 略高，i 尾很松，近似 ɪ。

（13）［au］、［iau］主元音比标准元音 a 略前，在 ʌ 和 ɑ 之间，更靠近 ɑ，u 尾很松。

（14）［əu］、［iəu］主元音是标准央元音 ə，u 尾很松；［iəu］韵 ə 音要略短促。

（15）［iē］①、［yē］② 主元音受介音-i-、-y-的影响变为 e，鼻音尾 n 弱化，生成鼻化韵。如：篇 phiē33，剑 tɕiē324，轩 ɕyē33，原 yē31。

（16）［an］、［uan］主元音 a 比标准元音 a 略上，n 尾稳定。

（17）［en］、［uən］主元音比标准元音 e 略后，n 尾稳定；［uən］韵受介音影响，主元音 ə 略短促；［yin］韵主元音是［y］，［i］是过渡音，受介音影响变为 i，比标准元音 i 松且略后、略短促，尾音 n 稳定。

（18）［in］主元音 i 很松，近似 ɪ，尾音 n 稳定。

（19）［aŋ］、［iaŋ］、［uaŋ］主元音比标准元音 a 略前，在 ʌ 和 ɑ 之间，更靠近 ɑ，尾音 ŋ 稳定。

（20）［oŋ］、［yoŋ］主元音比标准元音 o 略开，略前，唇略展，尾音 ŋ 稳定。

---

① 出现在咸山摄舒声开口二三四等帮系、端系、见系字，山摄合口三等舒声端系泥组、见系影组部分字，山摄合口四等舒声见系晓组部分字。
② 出现在山摄舒声开合口三四等端系精组、见系字。

三、夹江方言声调系统

调类	调值			
	普通话	成都话	盐亭话	例字
阴平	55	45	33	斑登方纲功基睛昆英张/苍芳花康飘森书滔稀勋
阳平	35	21	31	材诚祠房函衡狐棋唐型/兰菱媒谜戎危言迎榆缘
上声	214	42	42	榜岛鼎斧感剪委斩煮紫/朗柳猛牡冉往舞野雨语
去声	51	213	324	案拜当放概虹寄敬站壮/步宕附恨匠慎誓现治座/部荡愤浩尽上祀幸诰杜
入声		21	45	北滴革吉橘约质足喝刻七屈踢昔血/笛读合寂倔石特席学直力陌热役阅

注：辅以用 praat 语音软件测值计算，并观察声调曲线。表中用"/"隔开的是不同声母发音方法类。

(1) 阴平 33，中平调。

(2) 阳平 31，低降调。

(3) 上声 42，中降调。

(4) 去声 324，低降升调。

(5) 入声 45，高升调。

第二章 四川盐亭等六县市 方言的西南官话特征

第一节 声母语音特征

我们从分为声母发音部位和声母发音方法两个方面进行分析。

一、声母发音部位

（一）非组和晓组今读音分混

字/中古音	父	户	飞	灰	翻	欢
四川方言点	奉虞上	匣模去	非微平	晓灰平	敷元平	晓桓平
盐亭	fu324	fu324	fei35	xuei35	fæn35	xuæn35
射洪	fu435	fu435	fei45	fei45	fæn45	fæn45
西充	fu325	fu325	fei35	xuei35	fæn35	xuæn35
彭山	fu324	fu324	fei55	xuei55	fan55	xuan55
青神	fu213	fu213	fei44	xuei44	fan44	xuan44
夹江	fu324	xu324	fei33	xuei33	fan33	xuan33
成都	fu213	fu213	fei45	xuei45	fan45	xuan45
北京	fu51	xu51	fei55	xuei55	fan55	xuan55

字/中古音	分	昏	方	黄	风	烘
四川方言点	非文平	晓魂平	非阳平	匣唐合平	非东平	晓东平
盐亭	fen35	xuən35	faŋ35	xuaŋ31	fəŋ35	xoŋ35
射洪	fen45	fen45	faŋ45	faŋ31	foŋ45	foŋ45

续表

字/中古音	分	昏	方	黄	风	烘
西充	fen35	xuən35	faŋ35	xuaŋ32	foŋ35	xoŋ35
彭山	fen55	xuən55	faŋ55	xuaŋ31	fəŋ55	xoŋ55
青神	fen44	xuən44	faŋ44	xuaŋ21	foŋ44	xoŋ44
夹江	fen33	xuən33	faŋ33	xuaŋ31	foŋ33	xoŋ33
成都	fən45	xuən45	faŋ45	xuaŋ21	foŋ45	xoŋ45
北京	fən55	xuən55	faŋ55	xuaŋ35	feŋ55	xuŋ55

盐亭、射洪、西充、彭山、青神、夹江等六县市方言中，非敷奉母字今音读作唇齿清擦音 f-，微母字今音读作零声母或唇齿浊擦音 v-（仅限-u 韵），晓匣母合口模韵字今音读作唇齿清擦音 f-，即只在-u 韵前读为唇齿清擦音 f-，其余晓组字读为舌根清擦音 x-。

（二）见系蟹效咸山江梗摄开口二等部分字读洪音

字/中古音	佳	巧	咬	家	讲	戒	咸
四川方言点	见佳平	溪巧上	疑巧上	见麻平	见讲上	见皆去	匣咸平
盐亭	tɕiA 35	tɕhiɐu51	ȵiɐu51	tɕiA 35	tɕiɐŋ51	tɕiai324	xæn31
射洪	tɕiA 45	tɕhiɐu51	ȵiɐu51	tɕiA 45	tɕiɐŋ51	tɕiai435	xæn31
西充	tɕiA 35	tɕhiɐu51	ȵiɐu51	tɕiA 44	tɕiɐŋ51	tɕiai325	xæn32
彭山	tɕiA 55	tɕhiau52	ŋau52	tɕiA 55	tɕiaŋ52	tɕiɛ324	xan31
青神	tɕiA 44	tɕhiau42	ŋau42	tɕiA 44	tɕiaŋ42	tɕiɛ213	xan21
夹江	tɕiA 33	tɕhiau42	ŋau42	tɕiA 33	tɕiaŋ42	tɕie324	xan31
成都	tɕiA 45	tɕhiau42	ŋau42 白 ȵiau42 文	tɕiA 45	tɕiaŋ42	tɕiai213	xan21
北京	tɕiA 55	tɕhiau214	iau214	tɕiA 55	tɕiaŋ214	tɕiɛ51	ɕiɛn35

字/中古音	杏	街	解	鞋	下	巷	硬
四川方言点	匣梗上	见佳平	见蟹上	匣佳平	匣马上	匣绛去	疑映去
盐亭	xen324	kai35	kai51 tɕiai51	xai31	xA 324 ɕiA 324	xaŋ324	ŋen324

字/中古音	杏	街	解	鞋	下	巷	硬
射洪	xen435	kai45	kai51 tɕiai51	xai31	xA 435 ɕiA 435	xaŋ435	ŋen435
西充	xen325	kai35	kai51 tɕiai51	xai32	xA 325 ɕiA 325	xaŋ325	ŋen325
彭山	xen324	kai55	tɕiɛ52	xai31	ɕiA 324	xaŋ324	ŋin324
青神	xen213	kai44	tɕiɛ42	xai21	ɕiA 213	xaŋ213	ŋen213
夹江	xen324 ɕin324	kai33	kai42 tɕiɛ42	xai31	xA 324 ɕiA 324	xaŋ324	ŋen324
成都	xən213	kai45	tɕiai42 文 kai42 白	xai21	ɕiA 213 文 xA 213 白	xaŋ213	ŋən213
北京	ɕiŋ51	tɕiɛ55	tɕiɛ214	ɕiɛ35	ɕiA 51	ɕiaŋ51	iŋ51

盐亭、射洪、西充、彭山、青神、夹江等六县市见系声母，尤其是蟹摄、效摄、咸摄、山摄、江摄、梗摄开口二等舒声疑母匣母部分字读为洪音，保持中古音系原来的舌根音声母，基本与湖广话成都话保持一致。而在普通话中则多读为细音齐齿呼，因为开口二等见系字介音经过演变-ɤ>-ɯ>-i>-i，产生-i介音而影响到声母，使之舌根音舌面化而发生腭化；疑母字由于舌根浊鼻音声母 ŋ-与介音-i-在发音机理上产生冲突，前者属于舌根音，后者属于舌面前音，二者音姿叠加后不便于发音。普通话发音中舌根浊鼻音声母 ŋ-脱落，便成为零声母字。

（三）声母平舌翘舌的分合

1. 平舌派。

盐亭、射洪、西充、彭山、青神、夹江等六县市方言，盐亭、射洪、彭山、青神、夹江为平舌派，古知系知庄章三组字读同端系精组洪音 ts-/tsh-。

字/中古音	张	住	榨	产	专	成	扇	触
四川方言点	知阳平	澄遇去	庄祃去	生山上	章仙平	禅清平	书仙去	昌烛入
盐亭	tsaŋ35	tsu324	tsA 324	tshæn51	tsuæn35	tshen31	sæn324	tso44
射洪	tsaŋ45	tsu435	tsA 435	tshæn51	tsuæn45	tshen31	sæn435	tsu44
西充	tsaŋ35	tsu325	tsA 325	tshæn51	tʂuæn35	tshen32	sæn325	tso44
彭山	tsaŋ55	tsu324	tsA 324	tshan52	tsuan55	tshen31	san324	tso35

字/中古音	张	住	榨	产	专	成	扇	触
青神	tsaŋ44	tsu213	tsA 213	tshan42	tsuan44	tshen21	san213	tsɵ23
夹江	tsaŋ33	tsu324	tsA 33	tshan42	tsuan33	tshen31	san324	tsu45
成都	tsaŋ45	tsu213	tsA 213	tshan42	tsuan45	tshən21	san213	tsu21
北京	tʂaŋ55	tʂu51	tʂA 51	tʂhan214	tʂuan55	tʂhəŋ35	ʂan51	tʂhu51

2. 翘舌派。

盐亭、射洪、西充、彭山、青神、夹江等六县市方言，西充为翘舌派。平翘舌字分派跟北京有不同，在知照二组。知三照三为翘舌，知二照二归平舌或翘舌要再分：分知庄组的二等内转（高元音韵）字和外转（低元音韵）两组，高元音多变平舌，低元音变为翘舌。

（1）知二照二（庄组）内转（前5字）和外转（后5字）今声母读音。

字/中古音	择	争	初	崇	生	桌	茶	插	柴	山
四川方言点	澄陌入	庄耕平	初鱼平	崇东平	生庚平	知觉入	澄麻平	初咸入	崇佳平	生山平
盐亭	tshe44	tsen35	tshu35	tshoŋ31	sen35	tso44	tshA 31	tshA 35	tshai31	sæn35
射洪	tshe44	tsen45	tshu45	tshoŋ31	sen45	tsɵ44	tshA 31	tshA 44	tshai31	sæn45
西充	tshe44	tsen35	tshu35	tʂhoŋ32	sen35	tso44	tʂhA 32	tʂhæ44	tshai32	sæn35
彭山	tshai35	tsen55	tshu55	tshoŋ31	sen55	tso35	tshA 31	tshA 31	tshai31	san55
青神	tshæ23	tsen44	tshu44	tshoŋ21	sen44	tsɵ23	tshA 21	tshæ23	tshai21	san44
夹江	tshai45	tsen33	tshu33	tshoŋ31	sen33	tso33	tshA 45	tshA 45	tshai31	san33
成都	tshe21	tsən45	tshu45	tshoŋ21	sən45	tso21	tshA 21	tshA 21	tshai21	sæn45
北京	tsɤ35	tʂəŋ55	tʂu55	tʂhoŋ35	ʂəŋ55	tʂuo55	tʂhA 35	tʂA 55	tʂhai35	sæn55

（2）知三照三（章组）开口读音。

字/中古音	征	丑	潮	招	正	唱	身	时
四川方言点	知蒸平	彻尤上	澄宵平	章宵平	章清去	昌阳去	书真平	禅之平
盐亭	tsen35	tshəu51	tshau31	tsau35	tsen324	tshaŋ324	sen35	sɿ31
射洪	tsen45	tshəu51	tshau31	tsau45	tsen435	tshaŋ435	sen45	sɿ31
西充	tsen35	tshəu51	tʂhau32	tsau35	tsen325	tʂhaŋ325	sen35	sɿ32
彭山	tsen55	tshəu52	tshau31	tsau55	tsen324	tshaŋ324	sen55	sɿ31
青神	tsen44	tshəu42	tshau21	tsau44	tsen213	tshaŋ213	sen44	sɿ21
夹江	tsen33	tshəu42	tshau31	tsau33	tsen324	tshaŋ324	sen33	sɿ31

字/中古音	征	丑	潮	招	正	唱	身	时
成都	tsən45	tshəu42	tshao21	tsao45	tsən213	tsaŋ213	sən45	sʅ21
北京	tʂəŋ 55	tʂhou214	tʂhau35	tʂau 55	tʂəŋ51	tʂhaŋ 51	ʂən55	ʂʅ35

3. 部分翘舌。

盐亭、射洪、西充、彭山、青神、夹江等六县市方言，西充方言部分翘舌。

（1）西充方言深摄、臻摄、曾摄、梗摄入声开口三等知系保留翘舌读音。

字/中古音	知	持	是	十	实	直	尺
四川方言点	知支平	澄之平	禅纸上	禅缉入	船质入	澄职入	昌昔入
盐亭	tsʅ35	tshʅ31	sʅ324	sʅ44	sʅ44	tsʅ44	tshʅ44
射洪	tsʅ45	tshʅ31	sʅ435	sʅ44	sʅ44	tsʅ44	tshʅ44
西充	tʂʅ35	tʂhʅ32	ʂʅ325	ʂʅ44	ʂʅ44	tʂʅ44	tʂhʅ44
彭山	tsʅ55	tshʅ31	sʅ324	sə35	sə35	tsə35	tshə35
青神	tsʅ44	tshʅ21	sʅ213	sə23	sə23	tsə23	tshə23
夹江	tsʅ33	tshʅ31	sʅ324	sʅ45	sʅ45	tsʅ45	tshʅ45
成都	tsʅ 45	tshʅ 21	sʅ 213	sʅ 21	sʅ 21	tsʅ 21	tshʅ 21
北京	tʂʅ 55	tʂhʅ 35	ʂʅ 51	ʂʅ 35	ʂʅ 35	tʂʅ 35	tʂhʅ 214

字/中古音	侄	直	石	室	食	日	实
四川方言点	澄质入	澄职入	禅昔入	书质入	船职入	日质入	船质入
盐亭	tsʅ44	tsʅ44	sʅ44	sʅ44	sʅ44	zʅ44	sʅ44
射洪	tsʅ44	tsʅ44	sʅ44	sʅ44	sʅ44	zʅ44	sʅ44
西充	tʂʅ44	tʂʅ44	ʂʅ44	ʂʅ44	ʂʅ44	zʅ44	ʂʅ44
彭山	tsə35	tsə35	sə35	sə35	sə35	zə35	sə35
青神	tsə23	tsə23	sə23	sə23	sə23	zə23	sə23
夹江	tsʅ45	tsʅ45	sʅ45	sʅ45	sʅ45	zʅ45	sʅ45
成都	tsʅ21	tsʅ21	sʅ21	sʅ21	sʅ21	zʅ21	sʅ21
北京	tʂʅ35	tʂʅ35	ʂʅ35	ʂʅ51	ʂʅ35	ɻʅ51	ʂʅ35

（2）西充方言山摄、宕摄舒声合口三等知系，臻摄入声合口三等知系知章组保留翘舌读音。

字/中古音	竹	鼠	出	船	吹	春	状	帅
四川方言点	知屋入	书语上	昌术入	船仙平	昌支平	昌谆平	崇漾去	生至去
盐亭	tʂo44	ʂu51	tʂʰo44	tʂʰuæn31	tʂʰuei35	tʂʰuən35	tʂuaŋ324	ʂuai324
射洪	tʂu44	ʂu51	tʂʰu44	tʂʰuæn31	tʂʰuei45	tʂʰuən45	tʂuaŋ435	ʂuai435
西充	tʂo44	ʂu51	tʂʰo44	tʂʰuæn32	tʂʰuei35	tʂʰuən35	tʂuaŋ325	ʂuai325
彭山	tʂo35	ʂu52	tʂʰo35	tʂʰuan31	tʂʰuei55	tʂʰuən55	tʂuaŋ324	ʂuai324
青神	tʂo23	ʂu42	tʂʰə23	tʂʰuan21	tʂʰuei44	tʂʰuən44	tʂuaŋ213	ʂuai213
夹江	tsu45	su42	tsʰu45	tsʰuan31	tsʰuei33	tsʰuən33	tsuaŋ324	suai324
成都	tsu21	su42	tsʰu21	tsʰuan21	tsʰuei45	tsʰuen45	tsuaŋ213	suai213
北京	tʂu35	ʂu214	tʂʰu55	tʂʰuan35	tʂʰuei55	tʂʰuən55	tʂuaŋ51	ʂuai51

二、声母发音方法

（一）船禅两母的平声字

古船禅两母字今音不区别，或读塞擦音，或读擦音。盐亭、射洪、西充、彭山、青神、夹江等六县市方言今音读舌尖前清擦音 s- 较多。

字/中古音	船	成	唇	垂	纯	承	蝉	绳
四川方言点	船仙平	禅清平	船谆平	禅支平	禅谆平	禅蒸平	禅仙平	船蒸平
盐亭	tʂʰuæn31	tʂʰen31	suən31	tʂʰuei31	suən31	sen31 tʂʰen31	sæn31	suən31
射洪	tʂʰuæn31	tʂʰen31	suən31	tʂʰuei31	suən31	sen31 tʂʰen31	sæn31	suən31
西充	tʂʰuæn32	tʂʰen32	suən32	tʂʰuei32	suən32	sen32 tʂʰen32	sæn32	suən32
彭山	tʂʰuan31	tʂʰen31	tʂʰen31	tʂʰuei31	suən31	tʂʰen31	tʂʰan31	suən31
青神	tʂʰuan21	tʂʰen21	suən21	tʂʰuei21	suən21	tʂʰen21	san21	suən21
夹江	tʂʰuan31	tʂʰen31	tʂʰuən31	tʂʰuei31	suən31	sen31 tʂʰen31	san31	suən31
成都	tʂʰuan21	tʂʰən21	suən21	tʂʰuei21	suən21	tʂʰən21 文 sən21 白	san21	suən21
北京	tʂʰuan35	tʂʰən35	tʂʰuən35	tʂʰuei35	tʂʰuən35	tʂʰəŋ21	tʂʰan35	ʂəŋ35

（二）次浊声母——泥来母

泥来母的发音在四川方言中有三种分派：一，一二三四等字端系泥组完全相混，如重庆（南 nan21，兰 nan21，泥 ni21，离 ni21，女 ny21，旅 ny21）；二，一二等字相混，三四等字区分，如成都（区分泥 ȵi21，离 ni21）；三，一二三四等字全分。盐亭、射洪、西充、彭山、青神、夹江等六县市方言属于第二种情况，古泥（娘）母一二等字与来母字相混，读舌尖中浊边音 l-；三四等字与泥（娘）母字相混，读舌面前浊鼻音 ȵ-。

字/中古音	南	兰	泥	离	娘
四川方言点	泥覃平	来寒平	泥齐平	来支平	泥阳平
盐亭	læn31	læn31	ȵi31	li31	ȵiaŋ31
射洪	læn31	læn31	ȵi31	li31	ȵiaŋ31
西充	læn32	læn32	ȵi32	li32	ȵiaŋ32
彭山	lan31	lan31	ȵi31	li31	ȵiaŋ31
青神	nan21	nan21	ni21	ni21	niaŋ21
夹江	nan31	nan31	ni31	ni31	niaŋ31
成都	nan21	nan21	ȵi21	ni21	ȵiaŋ21
北京	nan35	lan35	ni35	li35	niaŋ35

字/中古音	良	农	笼	女	旅
四川方言点	来阳平	泥冬平	来东平	泥鱼上	来鱼上
盐亭	liɐŋ31	loŋ31	loŋ31	ȵy51	lu51 ly51
射洪	liɐŋ31	loŋ31	loŋ31	ly51	ly51
西充	liɐŋ32	loŋ32	loŋ32	ly51	ly51
彭山	liaŋ31	loŋ31	loŋ31	ȵy52	ȵy52
青神	niaŋ21	noŋ21	noŋ21	ny21	ny42
夹江	niaŋ31	noŋ31	noŋ31	ny42	ny42
成都	niaŋ21	noŋ21	noŋ21	ȵy42	ny42
北京	liaŋ35	nuŋ35	luŋ35	ny214	ly214

　　盐亭、射洪、西充、彭山、青神、夹江等六县市方言泥（娘）母一二等字、来母字比较稳定，没有发生太大语音变化，泥（娘）母三四等字读作舌面中浊鼻音 ȵ-（青神、夹江方言泥（娘）母三四等字读作舌尖中浊鼻音 n-）。这与湖广话成都话基本保持一致，说明盐亭、射洪、西充、彭山、青神、夹江六地方言点的一个重要音系特点：端系泥组一二等字中，n-/l-是一对音位自由变体，没有区别意义的作用，记为舌尖中浊边音 l-。端系泥组三四等字中，来母记作舌尖中浊边音 l-，泥母记作舌面前浊鼻音 ȵ-或舌尖中浊鼻音 n-，"泥/离""娘/良"不同音，是音位 n-/l-与 ȵ-的对立。盐亭、射洪、西充、彭山、青神、夹江六地方言点虽然都记音为舌尖中浊边音 l-，但实际读音有细微语音差别。在鼻音韵尾-an、-æn、-in、-en、-oŋ 等带鼻音韵尾阳声韵韵母前，声母受鼻韵尾影响略带鼻音；而带有-i-、-u-介音的鼻韵尾，则不对声母产生语音影响。

（三）次浊声母—影疑母

1. 影疑母字开口一二等字。

　　盐亭、射洪、西充、彭山、青神、夹江等六县市方言中，影疑母字开口一二等字今读舌根浊鼻音 ŋ-声母，少部分字读作零声母。

字/中古音	我	恶	矮	袄	藕	安	恩	昂
四川方言点	疑歌上	影铎入	影佳上	影晧上	疑厚上	影寒平	影痕平	疑唐平
盐亭	ŋo51	ŋə44	ŋai51	ŋau51	ŋəu51	ŋæn35	ŋen35	ŋaŋ31
射洪	ŋo51	ŋə44	ŋai51	ŋau51	ŋəu51	ŋæn45	ŋen45	ŋaŋ31
西充	ŋo51	ŋo44	ŋai51	ŋau51	ȵiəu51	ŋæn35	ŋen35	ŋaŋ32
彭山	ŋu52	ŋə35	ŋai52	ŋau52	ŋəu52	ȵiɛn55	ŋen55	ŋaŋ31
青神	u42	ŋɛ23	ŋai42	ŋau42	ŋəu42	ŋan44	ŋen44	ŋaŋ21
夹江	o42	ŋə45	ŋai42	ŋau42	ŋəu42	ŋan33	ŋen33	ŋaŋ31
成都	ŋo42	ŋo21	ŋai42	ŋau42	ŋəu42	ŋan45	ŋən45	ŋaŋ21
北京	uo214	ɤ51	ai214	au214	ou214	an55	ən55	aŋ34

　　古影疑母开口一二等洪音字，今音读作舌根浊鼻音 ŋ-；古疑母歌韵开口一等字今音读作零声母；古影疑母开口二等字细音读作零声母或舌面中无擦通音及半元音 j-（古影疑母开口一等字无细音读音）。

2. 影疑母三四等开口字影母读齐齿呼零声母，疑母读零声母或 ȵ-/n-。

（1）影母三四等开口字。

盐亭、射洪、西充、彭山、青神、夹江等六县市方言中，影母三四等开口字读细音齐齿呼零声母或细音撮口呼零声母。

字/中古音	约	衣	一	烟	映
四川方言点	影药入	影微平	影质入	影先平	影庚去
盐亭	io44	i35	i44	iɛn35	in324
射洪	ie44	i45	i44	iɛn45	in435
西充	io44	i35	i44	iɛn35	in325
彭山	io35	i55	iɛ35	iɛn55	in324
青神	yo23	i44	iɛ23	iɛn44	in213
夹江	io45	i33	i45	iē33	in324
成都	io21	ji45	ji21	iɛn45	jin213
北京	ye55	i55	i55	iɛn55	iŋ51

（2）疑母三四等开口字。

盐亭、射洪、西充、彭山、青神、夹江等六县市方言疑母三四等开口字读细音齐齿呼零声母或舌面前浊鼻音 ȵ-或舌尖中浊鼻音 n-或舌尖中浊边音 l-（舌尖中浊边音 l-是少数例外）。

字/中古音	牙	宜	严	言	凝	迎	孽	逆
四川方言点	疑麻平	疑支平	疑严平	疑元平	疑蒸平	疑庚平	疑薛入	疑陌入
盐亭	iA 31	ȵi31	ȵiɛn31	iɛn31	ȵin31	in31	ȵie44	ȵi44
射洪	iA 31	ȵi31	ȵiɛn31	iɛn31	ȵin31	in31	ȵie44	ȵie44
西充	iA 32	ȵi32	iɛn32	iɛn32	ȵin32	in32	ȵi44	ȵi44
彭山	iA 31	ȵi31	ȵiɛn31	iɛn31	lin31	in31	ȵiɛ35	ȵiɛ35
青神	iA 21	ni21	nien21	iɛn21	ni21	in21	niɛ23	niɛ23
夹江	iA 31	ni31	niē31	iē31	nin31	in31	ni45	ni45
成都	iA 21	ȵi21	ȵiɛn21	iɛn21	ȵin21	in21	ȵie21	ȵi21
北京	iA 35	i35	iɛn35	iɛn35	in35	iŋ35	nie51	ni51

古影疑母开口三四等字中，影母字今音读作细音齐齿呼零声母或细音撮口呼零声母；疑母字今音读作齐齿呼零声母或舌面中浊鼻音 ȵ-或舌尖前浊鼻音 n-。

（3）影疑母字合口一二等字。

盐亭、射洪、西充、彭山、青神、夹江等六县市方言中，影疑母字合口一二等字读洪音合口呼零声母或唇齿浊擦音 v-（仅限-u 韵）。

字/中古音	窝	瓦	外	碗	乌	吴	屋
四川方言点	影戈平	疑麻上	疑泰去	影桓上	影模平	疑模平	影屋入
盐亭	o35	uʌ 51	uai324	uæn51	vu35	vu31	o44
射洪	o45	uʌ 51	uai435	uæn51	wu45	wu31	wu44
西充	o35	uʌ 51	uai325	uæn51	vu35	vu32	o44
彭山	u55	uʌ 52	uai324	uan52	u55	u31	o35
青神	u44	uʌ 42	uai213	uan42	u44	vu21	u213
夹江	o33	uʌ 42	uai324	uan42	vu33	vu31	vu45
成都	o45	uʌ 42	uai213	uan42	vu45	vu21	vu21
北京	uo55	uʌ 214	uai51	uan214	u55	u35	u55

盐亭、射洪、西充、彭山、青神、夹江等六县市方言中，古影疑母合口一二等字今音读作洪音合口呼零声母，但影疑母模韵合口一等字和影母屋韵合口一等字今音读作唇齿浊擦音 v-或双唇无擦通音及半元音 w-；古影疑母开口一二等-o 元音韵母部分同合口演变，今音读作洪音合口呼零声母。

（4）影疑和微母合口三四等。

字/中古音	於	渊	郁	语	愿	月	武	文
四川方言点	影鱼平	影先平	影屋入	疑鱼上	疑元去	疑月入	微虞上	微文平
盐亭	y31	yɛn35	io44	y51	yɛn324	ye44	vu51	uən31
射洪	y31	yɛn45	ie44	y51	yɛn435	ye44	wu51	uən31
西充	y32	yɛn35	io44	y51	yɛn325	io44 ye44	vu51	uən32
彭山	y31	yɛn55	io35	y52	yɛn324	io35	u52	uən31
青神	y21	yɛn44	yo23	y42	yɛn21	yo23	vu42	uən21
夹江	y31	yē33	iu45	y42	yē324	ye45	vu42	uən31
成都	y21	yɛn45	io21	y42	yɛn213	ye21	vu42	uən21
北京	y35	yɛn55	y51	y214	yɛn51	ye51	u214	uən35

　　盐亭、射洪、西充、彭山、青神、夹江等六县市方言中，影疑母合口三四等字今音读作细音撮口呼零声母，微母合口三等字读零声母，-u 韵前读齿唇浊擦音 v-，是零声母音位变体形式。

（四）次浊声母——喻（云以）母字

　　盐亭、射洪、西充、彭山、青神、夹江等六县市方言，古喻（云以）母字今音多读零声母。有一部分以母字，普通话与日母同，而西南官话读零声母。

字/中古音	为	永	荣	锐	融	容	唯	也	勇
四川方言点	云支平	云庚上	云庚平	以祭去	以东平	以钟平	以脂平	以麻平	以钟平
盐亭	uei31	yn51	yn31	zuei324	zoŋ31	zoŋ31	uei31	i51	ioŋ51
射洪	uei31	yin51	yin31	zuei435	ioŋ31	ioŋ31	uei31	jie51	ioŋ51
西充	uei32	yn51	yn32	z̩uei325	ioŋ32	ioŋ32	uei32	i51	ioŋ51
彭山	uei31	yn52	yn31	zuei324	zoŋ31	ioŋ31	uei31	i52	ioŋ52
青神	uei21	yn42	yn21	zuei213	yoŋ21	yoŋ21	uei21	i42	yoŋ42
夹江	vei31	yin42	yin31 / yoŋ31	zuei324	yoŋ31	yoŋ31	vei31	i42	yoŋ42
成都	uei21	yn42 老 ioŋ42 新	yn21 老 ioŋ21 新	zuei213	ioŋ21	ioŋ21	uei21	ie42	ioŋ42
北京	uei35	yuŋ214	z̩uŋ35	z̩uei51	z̩uŋ35	z̩uŋ35	uei35	iɛ214	yuŋ214

　　盐亭、射洪、西充、彭山、青神、夹江等六县市方言，喻（云以）母洪音和细音与湖广话成都话基本相同，而与北京话语音差别较大。以母字中，北京话部分字读音与日母相同，读为洪音；盐亭、射洪、西充、彭山、青神、夹江等六县市方言读为细音（如：融容），但已有向普通话读音合流的语音趋势，读为洪音。

（五）次浊声母——日母

字/中古音	儿	热	饶	肉	人	如	软	日
四川方言点	日支平	日薛入	日宵平	日屋入	日真平	日鱼平	日狝上	日质入
盐亭	ɚ31	ze44	zɑu31	zəu324	zen31	zu31	zuæn51	zɻ44
射洪	ɚ31	ze44	zɑu31	zəu435	zen31	zu31	zuæn51	zɻ44
西充	ə32	ze44	zɑu32	zəu325	zen32	z̩u32	zuæn51	zɻ44
彭山	ər31	zai35	zɑu31	zəu324	zen31	zu31	zuan52	zə35

字/中古音	儿	热	饶	肉	人	如	软	日
青神	ə·21	zæ23	zɑu21	zə23	zen21	zu21	zuan42	zə23
夹江	ə·31	zai45	zɑu31	zu45 zəu324	zen31	zu31	zuan42	zɿ45
成都	ə·21	ze21	zɑu21	zəu213 白 zu21 文	zən21	zu21	zuan42	zɿ21
北京	ə·35	ʐɤ51	ʐɑu35	ʐou51	ʐən35	ʐu35	ʐuan214	ʐɿ51

　　盐亭、射洪、西充、彭山、青神、夹江等六县市方言中，日母止摄字今读零声母，其他今读舌尖前浊擦音 z-或舌尖后浊擦音 ʐ-。

第二节　韵母语音特征

　　我们从韵母的开合、韵尾和韵母三个方面进行分析。

一、韵母的开合

（一）端系字止蟹山臻合口

（1）端组字：蟹山臻合口一等舒声。

字/中古音	堆	对	端	短	盾	顿
四川方言点	端灰平	端队去	端桓平	端缓上	定混上	端恩去
盐亭	tuei35	tuei324	tuæn35	tuæn51	ten324	ten324
射洪	tuei45	tuei435	tuæn45	tuæn51	ten435	ten435
西充	tuei35	tuei325	tuæn35	tuæn51	ten325	tcn325
彭山	tei55	tei324	tan55	tan52	ten324	ten324
青神	tuei44	tuei213	tuan44	tuan42	ten213	ten213
夹江	tuei33	tuei324	tuan33	tuan42	ten324	ten324
成都	tuei45	tuei213	tuan45	tuan42	tən213	tən213
北京	tuei55	tuei51	tuan55	tuan213	tuən51	tuən51

盐亭、射洪、西充、青神、夹江等五县市方言中，蟹摄、山摄舒声合口一等端系端组字今读合口，臻摄舒声合口一等端系端组字失去-u-介音今读开口（彭山方言点蟹山臻摄舒声合口一等端系端组字读开口，语音规律与南路话同，详见下文）。成都话蟹摄、山摄舒声合口一等端系端组字读作合口，臻摄舒声合口一等端系端组字今读开口；北京话读作合口。盐亭、射洪、西充、青神、夹江方言与成都话呈现语音平行，彭山方言与南路话语音区域平行。盐亭、射洪、西充、青神、夹江方言蟹山摄与北京话平行。

（2）泥组字：止蟹山臻摄合口一三等舒声。

字/中古音	累	泪	内	乱	恋	嫩	轮
四川方言点	来支上	来脂去	泥队去	来换去	来线去	泥恩去	来谆平
盐亭	luei51	luei324	luei324	luæn324	liɛn324	len324	len31
射洪	luei51	luei435	luei435	luæn435	liɛn435	len435	len31
西充	luei51	luei325	luei325	luæn325	liɛn325	len325	luən32
彭山	lei324	lei324	lei324	lan324	liɛn324	len324	len31
青神	nuei213	nuei213	nuei213	nuan213	niɛn213	nen213	nen21
夹江	nuei42	nuei324	nuei324	nuan324	niē324	nen324	nen31
成都	nuei42	nuei213	nuei213	nuan213	niɛn213	nən213	nən21
北京	lei214	lei51	nei51	luan51	liɛn51	nuən51 nən51	luən35

盐亭、射洪、西充、彭山、青神、夹江等六县市方言中，臻摄舒声合口一等字今读开口，蟹摄、止摄、山摄舒声合口一三等字今读合口（彭山方言点今读开口）。彭山方言点蟹摄、止摄、山摄、臻摄舒声合口一三等字今读开口。成都话止蟹山摄今读合口，臻摄今读开口。北京话蟹止摄读作开口，山臻摄读作合口。盐亭、射洪、西充、青神、夹江方言与湖广话成都话平行，西充方言臻摄、彭山方言止摄与北京话平行。

（3）精组字：臻摄合口一三等舒声。

字/中古音	村	损	寸	逊	遵	笋	旬
四川方言点	清魂平	心混上	清恩去	心恩去	精谆平	心準上	邪谆平
盐亭	tshen35	sen51	tshen324	ɕyn324	tsen35	sen51	ɕyn31
射洪	tshen45	sen51	tshen435	ɕyin435	tsen45	sen51	ɕyin31

字/中古音	村	损	寸	逊	遵	笋	旬
西充	tʃhen35	sen51	tʃhen325	ɕyn325	tsen35	sen51	ɕyn32
彭山	tʃhen55	suən52	tʃhen324	ɕyn324	tsen55	sen52	ɕyn31
青神	tʃhen44	sen42	tʃhen213	ɕyn213	tsen44	sen42	ɕyn213
夹江	tʃhuən33	suən42	tʃhuən324	ɕyin324	tsuən33	sen42	ɕyin324
成都	tʃhən45	sən42	tʃhən213	ɕyn213	tsən45	sən42	ɕyn21
北京	tʃhuən55	suən214	tʃhuən51	ɕyn51	tsuən55	suən214	ɕyn35

盐亭、射洪、西充、彭山、青神、夹江等六县市方言，臻摄舒声合口一三等精组字失去-u-介音变为开口读音（夹江方言点读-uən/en不定，但多数字仍保持合口读音）。语音规律与南路话同，详见下文。成都话今读-ən，北京话读作-uən。盐亭、射洪、西充、彭山、青神、夹江等六县市方言与湖广话成都话保持语音平行。如果声母已腭化变为舌面前音 tɕ-、tɕh-、ɕ-，则今韵母读音一致变为细音撮口呼-yin，射洪、夹江方言点均如此。夹江方言点与北京话语音平行。

（二）庄组开口字变为合口

字/中古音	厦	抓	铲	删	床	窗	捉	省
四川方言点	生麻去	庄肴平	初山上	生删平	崇阳平	初江平	庄觉入	生庚上
盐亭	sA 324	tsuA 35	tʃhuæn51	suæn35	tʃhuaŋ31	tʃhuaŋ35	tso44	sen51
射洪	sA 435	tsuA 45	tʃhuæn51	suæn45	tʃhuaŋ31	tʃhuaŋ45	tsø44	sen51
西充	sA 325	tʂuA 35	tʃhuæn51	suæn35	tʃhuaŋ32	tʂhaŋ35	tso44	sen51
彭山	sA 324	tsuA 55	tʃhuan52	suan55	tʃhuaŋ31	tʃhuaŋ55	tso35	sen52
青神	sA 213	tsuA 44	tʃhuan42	suan44	tʃhaŋ21	tʃhaŋ44	tsø23	sen42
夹江	sA 324	tsuA 33	tʃhuan42	suan33	tʃhuaŋ31	tʃhuaŋ33	tso45	sen42
成都	suA 42	tsuA 45	tʃhuan42	suan45	tʃhuaŋ21	tʃhaŋ45	tso21	sən42
北京	ʂA 51	tʂuA 55	tʂhan214	ʂan55	tʂhuaŋ35	tʂhuaŋ 55	tʂuo55	ʂəŋ214

盐亭、射洪、西充、彭山、青神、夹江等六县市方言，知系庄组开口字今音读为合口（西充、青神方言点"窗"字仍读为开口；盐亭、射洪、西充、彭山、青神、夹江等六县市方言"厦""省"字仍读为开口）。总体语音规律来看，盐亭、射洪、西充、彭山、青神、夹江等六县市方言知系庄组开口字的开

合口读音情况基本与成都话保持语音平行。

（三）见系一等歌戈开合

字/中古音	哥	饿	河	果	课	火	窝
四川方言点	见歌平	疑歌去	匣歌平	见戈上	溪戈去	晓戈上	影戈平
盐亭	kə35	o324	xo31	ko51	khə324	xo51	o35
射洪	ko45	o435	xo31	ko51	khə435	xo51	o45
西充	kə35	o325	xo32	ko51	kho325	xo51	o35
彭山	kə55	u324	xu31	ku52	khə324	xu52	u55
青神	ko44	u213	xu21	ko42	kho213	xu42	u44
夹江	kə33	o324	xo31	ko42	khə324	xo42	o33
成都	ko45	o213	xo21	ko42	kho213	xo42	o45
北京	kɤ55	ɤ51	xɤ35	kuo214	khɤ51	xuo214	uo55

　　盐亭、射洪、西充、彭山、青神、夹江等六县市方言中，见系一等歌戈韵开合口读为-o/-u（盐亭、射洪、西充、夹江方言点读音为-o，与湖广话同；彭山、青神方言点读音为-u，与南路话同，详见下文；"哥""课"读为-ə，是受普通话语音影响的结果）。成都话今读-o，北京话读作-ɤ。此语音规律盐亭、射洪、西充、夹江方言点与湖广话成都话平行，彭山、青神方言点与南路话语音平行。

二、韵尾

（一）深臻曾梗三四等舒声帮端见系鼻韵尾合一

字/中古音	邻	林	冰	兴	京	钉
四川方言点	来真平	来侵平	帮蒸平	晓蒸去	见庚平	端青平
盐亭	lin31	lin31	pin35	ɕin324	tɕin35	tin35
射洪	lin31	lin31	pin45	ɕin435	tɕin45	tin45
西充	lin32	lin32	pin35	ɕin325	tɕin35	tin35
彭山	lin31	lin31	pin55	ɕin324	tɕin55	tin55
青神	nin21	nin21	pin44	ɕin213	tɕin44	tin44

字/中古音	邻	林	冰	兴	京	钉
夹江	nin31	nin31	pin33	ɕin324	tɕin33	tin33
成都	nin 21	nin 21	pin 45	ɕin 213	tɕin 45	tin 45
北京	lin35	lin35	piŋ55	ɕiŋ51	tɕiŋ55	tiŋ 55

北京话语音深臻摄舒声开口三四等帮端见系字读作前鼻音韵尾-in，曾梗摄舒声开口三四等帮端见系字读为后鼻音韵母-iŋ。而盐亭、射洪、西充、彭山、青神、夹江等六县市方言以及成都话中，曾梗摄舒声开口三四等帮端见系字后鼻音韵尾与深臻摄前鼻音韵尾语音合流-iŋ>-in，均读为-in。盐亭、射洪、西充、彭山、青神、夹江等六县市方言和成都话语音平行。（按：曾梗摄"朋、孟、萌、盟、宏、矞、兄"等字，读同通摄，仍有舌根浊鼻音ŋ-韵尾，详见后文。）

（二）深臻曾梗二、三等舒声知系字鼻韵尾合一

字/中古音	针	陈	仍	生	争	成
四川方言点	章侵平	澄真平	日蒸平	生庚二平	庄耕平	禅清平
盐亭	tsen35	tshen31	zen31	sen35	tsen35	tshen31
射洪	tsen45	tshen31	zen435	sen45	tsen45	tshen31
西充	tsen35	tshen32	zen32	sen35	tsen35	tshen32
彭山	tsen55	tshen31	zen324	sen55	tsen55	tshen31
青神	tsen44	tshen21	zen213	sen44	tsen44	tshen21
夹江	tsen33	tshen31	zen324	sen33	tsen33	tshen31
成都	tsən 45	tshən 21	zən 21	sən 45	tsən 45	tshən 21
北京	tʂən 55	tʂhən 35	ʐˌən 35	ʂəŋ 55	tʂəŋ 55	tʂhəŋ 35

北京话语音中，深臻摄舒声开口二三等知系字今音读作前鼻音韵母-ne，曾梗摄舒声开口二三等知系字读为后鼻音韵母-əŋ。而盐亭、射洪、西充、彭山、青神、夹江等六县市方言以及成都话中，曾梗摄舒声开口二三等知系字后鼻音阳声韵韵尾与深臻摄前鼻音韵尾语音合流-əŋ>-ne，均读为-ne。盐亭、射洪、西充、彭山、青神、夹江等六县市方言和成都话保持语音平行。

（三）流摄（和通摄入声）的部分明母字有舌根鼻韵尾

字/中古音	某	母	亩	谋	否	皱	木	目
四川方言点	明厚上	明厚上	明厚上	明尤平	非有上	庄宥去	明屋一入	明屋三入
盐亭	məŋ51	mu51	məŋ51	məŋ31	fəŋ51	tsəu324	mo44	mo44
射洪	məŋ51	mu51	moŋ51	moŋ31	foŋ51	tsoŋ435	mɵ44	mɵ44
西充	moŋ51	mu51	moŋ51	moŋ32	foŋ51	tsəu325	mo44	mo44
彭山	məŋ52	mu52	məŋ52	məŋ31	foŋ52	tsoŋ324	mo35	mo35
青神	moŋ42	mu42	moŋ42	moŋ21	foŋ42	tsoŋ213	mɵ23	mɵ23
夹江	moŋ42	mu42	moŋ42	moŋ31	foŋ42	tsoŋ324	mu45	mu45
成都	moŋ42	mu42	moŋ42	moŋ21	fəu42	tsoŋ213	mu21	mu21
北京	mou214	mu214	mu214	mou35	fou214	tʂou51	mu51	mu51

　　盐亭、射洪、西充、彭山、青神、夹江等六县市方言中，流摄部分明母字受双唇浊鼻音声母 m-语音同化而有舌根浊鼻音-ŋ 韵尾，此语音规律出现在六地方言点。另外，帮系非组、知系庄组部分字（如"否""皱"）也带有舌根浊鼻音韵尾。盐亭、射洪、西充、彭山、青神、夹江等六县市方言与成都话基本语音平行。

（四）入声尾

　　盐亭、射洪、西充、彭山、青神、夹江等六县市方言入声韵尾都消失了。

三、韵母

（一）阴声韵

（1）果摄一等端见系（歌戈）。

字/中古音	多	左	哥	我	波	锅	科
四川方言点	端歌平	精哿上	见歌平	疑哥平	帮戈平	见戈平	溪戈平
盐亭	to35	tso51	kə35	ŋo51	po35	ko35	kho35
射洪	to45	tso51	ko45	ŋo51	po45	ko45	khə45
西充	to35	tso51	kə35	ŋo51	po35	ko35	kho35
彭山	tu55	tsu52	kə55	ŋu52	pu55	ku55	khə55

字/中古音	多	左	哥	我	波	锅	科
青神	tu44	tsu42	ko44	u42	pu44	ko44	kho44
夹江	to33	tso42	kə33	o42	po33	ko33	khə33
成都	to45	tso42	ko45	ŋo42	po45	ko45	kho45
北京	tuo55	tsuo214	kɤ55	uo214	po55	kuo55	khɤ55

　　盐亭、射洪、西充、彭山、青神、夹江等六县市方言中，果摄一等帮端见系不分开合口，读音-o/-u/-ə。彭山、青神方言点果摄唇舌齿读音-u 与部分遇摄字同音，与南路话语音规律同，详见下文。成都话不分开合口，均读为-o。而普通话分开合，唇舌齿音读-uo，喉牙音读-uo/-ɤ。盐亭、射洪、西充、彭山、青神、夹江等六县市方言此语音规律基本上与成都话保持平行。

　　（2）果摄三等见系（歌戈）。

字/中古音	茄	瘸	靴
四川方言点	群戈平开	群戈平合	晓戈平合
盐亭	tɕhi31	tɕhye44	ɕy35
射洪	tɕhie31	tɕhye44	ɕye45
西充	tɕhi32	tɕhye32	ɕy35
彭山	tɕhi31	tɕhio35	ɕy55
青神	tɕhi21	tɕhyo23	ɕy44
夹江	tɕhie31	tɕhye31	ɕye33
成都	tɕhie21	tɕhye 21	ɕye45
北京	tɕhie35	tɕhye35	ɕye55

　　盐亭、射洪、西充、彭山、青神、夹江等六县市方言中，果摄三等见系（歌戈）开口读为-i，合口读为-y。射洪、夹江方言点（开口-ie，合口-ye）同成都话和北京话保持语音平行。

　　（3）假摄三等开口精组见系（麻三）。

字/中古音	姐	且	写	谢	爷	也	些
四川方言点	精麻上	清麻上	心麻上	邪麻去	以麻平	以麻上	心麻平
盐亭	tɕie51	tɕhi51	ɕi51	ɕie324	i31	i51	ɕi35

字/中古音	姐	且	写	谢	爷	也	些
射洪	tɕie51	tɕʰie51	ɕie51	ɕie435	jie31	jie51	ɕi45
西充	tɕi51	tɕʰi51	ɕi51	ɕi325	i32	i51	ɕi35
彭山	tɕi52	tɕʰi52	ɕi52	ɕi324	i31	i52	ɕi55
青神	tɕi42	tɕʰi42	ɕiɛ42	ɕi213	i21	i42	ɕiɛ44
夹江	tɕie42	tɕie42	ɕi42	ɕie324	i31	i42	ɕi33
成都	tɕie42	tɕʰie42	ɕiɛ42	ɕie213	ie21	ie42	ɕi45
北京	tɕie214	tɕʰiɛ214	ɕie214	ɕie51	iɛ35	ie214	ɕiɛ55

　　盐亭、射洪、西充、彭山、青神、夹江等六县市方言点假摄开口三等精组见系今音读为-i（射洪音特殊，仍读为-ie，同咸山深臻曾梗入声字读音），同止摄、蟹摄开口四等舒声读音，与南路话语音规律同，详见下文。成都话读为-ie，北京话读为-iɛ。射洪方言点与成都话平行，盐亭、西充、彭山、青神、夹江方言点与南路话语音平行。

　　（4）假摄三等开口知系（麻三）。

字/中古音	者	蔗	车	蛇	社
四川方言点	章麻上	章麻去	昌麻平	船麻平	禅麻上
盐亭	tse51	tse44	tsʰei35	sei31	sei324
射洪	tse51	tse44	tsʰe45	se31	se435
西充	tse51	tsen44	tsʰe35	se32	se325
彭山	tsai52	tsai324	tsʰei55	sei31	sei324
青神	tsei42	tsai213	tsʰei44	sei21	sei213
夹江	tse42	tsai45	tsʰe33	se31	se324
成都	tse42	tse21	tsʰe45	se21	se213
北京	tʂɤ214	tʂɤ51	tʂɤ55	ʂɤ35	ʂɤ51

　　盐亭、射洪、西充、彭山、青神、夹江等六县市方言中，假摄开口三等知系字今音读为-e/-ei/-ai。"者""蔗"二字彭山、青神、夹江方言点读为-ai，同蟹摄开口一二等字；"车""蛇""社"三字盐亭、彭山、青神方言点读为-ei，同蟹摄合口一等字；射洪、西充、夹江五字同韵，今音读为-e，与成都话平行，同深臻曾梗一二三等入声韵。北京话则全部读音为-ɤ。

（5）遇摄一等帮系端（泥）组（模韵）。

字/中古音	普	步	土	图	墓	奴	卢
四川方言点	滂模上	并模去	端模上	定模平	明模去	泥模平	来模平
盐亭	phu51	pu324	thu51	thu31	mo324	lu31	lu31
射洪	phu51	pu435	thu51	thu31	mo435	lu31	lu31
西充	phu51	pu325	thu51	thu32	mu325	lu32	lu32
彭山	phu52	pu324	thu52	thu31	mu324	lu31	lu31
青神	phu42	pu213	thu42	thu21	mu213	nu21	nu21
夹江	phu42	pu324	thu42	thu31	mu324	nu31	nu31
成都	phu42	pu213	thu42	thu21	mo213	nu21	nu21
北京	phu214	pu51	thu214	thu35	mu51	nu35	lu35

　　盐亭、射洪、西充、彭山、青神、夹江等六县市方言中，遇摄一等帮系端（泥）组（模韵）今音读为-u，成都话读为-u，北京话读为-u。盐亭、射洪、西充、彭山、青神、夹江等六县市方言此语音特点同成都话和北京话保持平行。

（二）阳声韵

（1）咸山摄二等开口见系（咸衔删山）。

字/中古音	减	监	间	雁
四川方言点	见咸上	见衔平	见山平	疑删去
盐亭	tɕien51	tɕien35	tɕien35	ŋæn324
射洪	tɕien51	tɕien45	tɕien45	ŋæn435
西充	tɕien51	tɕien35	kæn35 tɕien35	ŋæn325
彭山	tɕien52	tɕien55	tɕien55	ŋan324
青神	tɕien42	tɕien44	tɕien44	ŋan213
夹江	tɕiẽ42	tɕiẽ33	kan33 tɕiẽ33	ŋan324
成都	tɕien42	tɕien45	tɕien45	ien21
北京	tɕien214	tɕien55	tɕien55	iɛn35

盐亭、射洪、西充、彭山、青神、夹江等六县市方言中，咸山摄舒声开口二等见系字今音读为-iɛn（夹江方言点舌尖中浊鼻音韵尾-n弱化脱落，出现鼻化韵，读为-iẽ[1]；西充、夹江方言点声母未完全腭化，出现-iɛn/-æn、-iẽ/-an文白二读的情况）。成都话读为-iɛn，北京话读为-iɛn，盐亭、射洪、西充、彭山、青神、夹江等六县市方言此语音特点同成都话和北京话平行。

（2）咸山摄三四等开口帮端见系（盐严添仙元先）。

字/中古音	厌	欠	点	编	言	年
四川方言点	影艳去	溪酽去	端忝上	帮仙平	疑元平	泥先平
盐亭	iɛn324	tɕhiɛn324	tiɛn51	piɛn35	iɛn31	ȵiɛn31
射洪	iɛn435	tɕhiɛn435	tiɛn51	piɛn45	iɛn31	ȵiɛn31
西充	iɛn325	tɕhiɛn325	tiɛn51	piɛn35	iɛn32	ȵiɛn32
彭山	iɛn324	tɕhiɛn324	tiɛn52	piɛn55	iɛn31	ȵiɛn31
青神	iɛn213	tɕhiɛn213	tiẽ42	piɛn44	iɛn21	niɛn21
夹江	iẽ324	tɕhiẽ324	tiẽ42	piẽ33	iẽ31	niẽ31
成都	iɛn213	tɕhiɛn213	tiɛn42	piɛn45	iɛn21	niɛn35
北京	iɛn51	tɕhiɛn51	tiɛn214	piɛn55	iɛn35	niɛn35

盐亭、射洪、西充、彭山、青神、夹江等六县市方言中，咸山摄舒声开口三四等帮端见系字今音读为-iɛn（夹江方言点舌尖中浊鼻音韵尾-n弱化脱落，出现鼻化韵，读为-iẽ）。成都话读为-iɛn，北京话读为-iɛn。盐亭、射洪、西充、彭山、青神、夹江等六县市方言此语音特点同成都话和北京话平行。

（3）山摄三等合口见系精组（仙元先）。

字/中古音	圆	劝	悬	全	宣
四川方言点	云仙平	溪愿去	匣先平	从仙平	心仙平
盐亭	yɛn31	tɕhyɛn324	ɕyɛn31	tɕhyɛn31	ɕyɛn35
射洪	yɛn31	tɕhyɛn435	ɕyɛn31	tɕhyɛn31	ɕyɛn45
西充	yɛn32	tɕhyɛn325	ɕyɛn32	tɕhyɛn32	ɕyɛn35
彭山	yɛn31	tɕhyɛn324	ɕyɛn31	tɕhyɛn31	ɕyɛn55

---

[1] 夹江方言点读音为-iẽ，或因为带有齐齿呼-i介音，由于同发音部位的语音异化作用，使舌尖中浊鼻音韵尾-n弱化脱落而鼻化。

字/中古音	圆	劝	悬	全	宣
青神	yɛn21	tɕhyɛn213	ɕyɛn21	tɕhyɛn21	ɕyɛn44
夹江	yē31	tɕhyē324	ɕyē31	tɕhyē31	ɕyē33
成都	yɛn21	tɕhyɛn213	ɕyɛn21	tɕhyɛn21	ɕyɛn45
北京	yɛn35	tɕhyɛn51	ɕyɛn35	tɕhyɛn35	ɕyɛn55

　　盐亭、射洪、西充、彭山、青神、夹江等六县市方言中，山摄舒声合口三等精组见系字今音读为-yɛn（夹江方言点夹江方言点舌尖中浊鼻音韵尾-n弱化脱落，出现鼻化韵，读为-yē①）。成都话读为-yɛn，北京话读为-yɛn。盐亭、射洪、西充、彭山、青神、夹江等六县市方言此语音特点同成都话和北京话保持平行。

　　（4）宕江摄一二三等开口端见系（唐江阳）。

字/中古音	当	郎	刚	讲	巷	娘	详	香
四川方言点	端唐平	来唐平	见唐平	见江上	匣江去	泥阳平	邪阳平	晓阳平
盐亭	taŋ35	laŋ31	kaŋ35	tɕiɛŋ51	xaŋ324	ɲiɛŋ31	ɕiɛŋ31	ɕiɛŋ35
射洪	taŋ45	laŋ31	kaŋ45	tɕiɛŋ51	xaŋ435	ɲiɛŋ31	ɕiɛŋ31	ɕiɛŋ45
西充	taŋ35	laŋ32	kaŋ35	tɕiɛŋ51	xaŋ325	ɲiɛŋ32	ɕiɛŋ32	ɕiɛŋ35
彭山	taŋ55	laŋ31	kaŋ55	tɕiaŋ52	xaŋ324	niaŋ31	ɕiaŋ31	ɕiaŋ55
青神	taŋ213	naŋ21	kaŋ44	tɕiaŋ42	xaŋ213	niaŋ21	tɕhiaŋ21	ɕiaŋ44
夹江	taŋ33	naŋ31	kaŋ33	tɕiaŋ42	xaŋ324	niaŋ31	ɕiaŋ31	ɕiaŋ33
成都	taŋ45	naŋ21	kaŋ45	tɕiaŋ42	xaŋ213	niaŋ21	ɕiaŋ21	ɕiaŋ45
北京	taŋ55	laŋ35	kaŋ55	tɕian214	ɕian51	nian35	ɕian35	ɕian55

　　盐亭、射洪、西充、彭山、青神、夹江等六县市方言中，宕江摄舒声开口一二三等端见系今音读为舌根浊鼻音 ŋ 韵尾。成都话读为舌根浊鼻音-ŋ 韵尾，北京话读为舌根浊鼻音-ŋ 韵尾。盐亭、射洪、西充、彭山、青神、夹江等六县市方言此语音特点同成都话和北京话平行。

---

　　①　夹江方言点读音为-yē，或因为带有撮口呼-y-介音，由于同发音部位的语音异化作用，使舌尖中浊鼻音韵尾-n弱化脱落而鼻化。

（5）宕江摄一二三等帮知系（唐江阳）。

字/中古音	旁	方	棒	张	床	常	让	窗
四川方言点	并唐平	非阳平	并江上	章阳平	崇阳平	禅阳平	日阳去	初江平
盐亭	phaŋ31	faŋ35	paŋ324	tsaŋ35	tshuaŋ31	saŋ31	zaŋ324	tshuaŋ35
射洪	phaŋ31	faŋ45	paŋ435	tsaŋ45	tshuaŋ31	saŋ31	zaŋ435	tshuaŋ45
西充	phaŋ32	faŋ35	paŋ325	tsaŋ35	tʂhuaŋ32	saŋ32	zaŋ325	tʂhaŋ35
彭山	phaŋ31	faŋ55	paŋ324	tsaŋ55	tshuaŋ31	saŋ31	zaŋ324	tshuaŋ55
青神	phaŋ42	faŋ44	paŋ213	tsaŋ44	tshuaŋ42	saŋ21	zaŋ213	tshaŋ44
夹江	phaŋ31	faŋ33	paŋ324	tsaŋ33	tshuaŋ31	tshaŋ31	zaŋ324 zaŋ42	tshuaŋ33
成都	phaŋ21	faŋ45	paŋ213	tsaŋ45	tshuaŋ21	saŋ21	zaŋ213	tshaŋ45
北京	phaŋ35	faŋ55	paŋ51	tʂaŋ55	tʂhuaŋ35	tʂhaŋ35	ʐaŋ51	tʂhuaŋ55

盐亭、射洪、西充、彭山、青神、夹江等六县市方言中，宕江摄舒声开合口一二三等帮知系今音读为舌根浊鼻音-ŋ韵尾。成都话读为舌根浊鼻音-ŋ韵尾，北京话读为舌根浊鼻音-ŋ韵尾。盐亭、射洪、西充、彭山、青神、夹江等六县市方言此语音特点同成都话和北京话保持平行。

（6）宕摄一三等合口见系（唐阳）。

字/中古音	光	黄	狂	王
四川方言点	唐见平	唐匣平	阳群平	阳云平
盐亭	kuaŋ35	xuaŋ31	khuaŋ31	uaŋ31
射洪	kuaŋ45	faŋ31	khuaŋ31	uaŋ31
西充	kuaŋ35	xuaŋ32	khuaŋ32	uaŋ32
彭山	kuaŋ55	xuaŋ31	khuaŋ31	uaŋ31
青神	kuaŋ44	xuaŋ21	khuaŋ21	uaŋ21
夹江	kuaŋ33	xuaŋ31	khuaŋ31	uaŋ31
成都	kuaŋ45	xuaŋ21	khuaŋ21	uaŋ21
北京	kuaŋ55	xuaŋ35	khuaŋ35	uaŋ35

盐亭、射洪、西充、彭山、青神、夹江等六县市方言中，宕摄舒声合口一三等见系今音读为舌根浊鼻音-ŋ韵尾。成都话读为舌根浊鼻音-ŋ韵尾，北京话读为舌根浊鼻音-ŋ韵尾。盐亭、射洪、西充、彭山、青神、夹江等六县市方言此语音特点同成都话和北京话保持平行。

（7）臻曾梗摄一二等开口端知见系（痕登庚二耕）

字/中古音	恨	等	恒	冷	生	更	杏	樱
四川方言点	匣痕去	端登上	匣登平	来庚上	生庚平	见庚去	匣庚上	影耕平
盐亭	xen324	ten51	xen31	len51	sen35	ken324	xen324	in35
射洪	xen435	ten51	xen31	len51	sen45	ken435	xen435	jin45
西充	xen325	ten51	xen32	len51	sen35	ken325	xen325	ŋen35
彭山	xen324	ten52	xen31	len52	sen55	kin324	xen324	in55
青神	xen213	ten42	xen21	nen42	sen44	ken213	xen213	ŋen44
夹江	xen324	ten42	xen31	nen12	sen33	kin324	xen324 çin324	ŋin33
成都	xən213	tən42	xən21	nən42	sən45	kən213	xən213	ŋən45① 白 in45 文
北京	xən51	tən214	xəŋ35	ləŋ214	ʂəŋ55	kəŋ51	çiŋ51	iŋ55

　　盐亭、射洪、西充、彭山、青神、夹江等六县市方言中，臻曾梗摄舒声开口一二等端知见系（痕登庚二耕）今音读为-en，曾梗摄并入臻摄（部分梗摄舒声开口二等见系字有洪细音两读，如"杏""樱"）。成都话读为-ən；北京话臻摄读为-ən，曾梗摄读为-əŋ。盐亭、射洪、西充、彭山、青神、夹江等六县市方言此语音规律与成都话平行。

（8）曾梗一二等开合口帮系、见系（登庚二耕）。

字/中古音	朋	崩	孟	彭	弘	横	宏	兄	永	营
四川方言点	并登平	帮登平	明庚去	并庚平	匣登平	匣庚平	匣耕平	晓庚平	云庚上	以清平
盐亭	phəŋ31	pen35	məŋ324	phen31	xoŋ31	xuan31	xoŋ31	çioŋ35	yn51	yn31
射洪	phoŋ31	pen45	moŋ435	phen31	xoŋ31	fen31	xoŋ31	çioŋ45	yin51	yin31
西充	poŋ32	pen35	moŋ325	phen32	xoŋ32	xuan31	xoŋ32	çioŋ35	yn51	yn32
彭山	phoŋ31	pen55	məŋ324	phen31	xoŋ31	xen31	xoŋ31	çioŋ55	yn52	yn31
青神	phoŋ21	pen44	məŋ213	phen21	xoŋ21	xuan21	xoŋ21	çyoŋ44	yn42	yn21
夹江	phoŋ31	pen33	moŋ324	phen31	xoŋ31	xuan31 xuaŋ31	xoŋ31	çyoŋ33	yin42	yin31
成都	phoŋ21	pən45 poŋ45	moŋ213	phən21	xoŋ21	xuan21 xən21	xoŋ21	çioŋ45	yn42 ioŋ42	yn21 in21
北京	phəŋ35	pəŋ55	məŋ51	phəŋ35	xoŋ35	xəŋ35	xoŋ35	çyuŋ55	yuŋ214	iŋ35

---

　　①　"樱"字白读读音为［ŋen45］，主要保留在"樱桃儿"这个词语中，其余四川方言点同。

　　盐亭、射洪、西充、彭山、青神、夹江等六县市方言中，曾摄舒声开合口一等帮系、见系字今音读为-en/-əŋ/-oŋ（-en/-oŋ 韵为主），梗摄舒声开合口二等帮系、见系字今音读为-en/-yn/-yin/-əŋ/-oŋ（例外字：矿 khuaŋ，横 xuən；蛮横，此音四川话读 xuen，也读 xuan 阳平），-en/-oŋ 韵为主。曾一、梗二（庚二）帮系字主要有两韵-oŋ/-en，朋崩，孟彭，语音无规律。盐亭方言点"朋"字读为 phəŋ31，"孟"字读为 məŋ324，与北京话读音保持平行。盐亭、射洪、西充、彭山、青神、夹江等六县市方言中如："永"字读为-yn/-yin，"营"字读为-yn/-yin，与成都话老派读音保持平行。又，成都话新派读音是普通话语音影响。盐亭、射洪、西充、彭山、青神、夹江等六县市方言上述语音特点与成都话平行。

　　（9）曾梗三等开口帮端见系（蒸清庚三青）。

字/中古音	冰	陵	应	名	京	零	星
四川方言点	帮蒸平	来蒸平	影蒸平	明清平	见庚平	来青平	心青平
盐亭	pin35	lin31	in35	min31	tɕin35	lin31	ɕin35
射洪	pin45	lin31	jin45	min31	tɕin45	lin31	ɕin45
西充	pin35	lin32	in35	min32	tɕin35	lin32	ɕin35
彭山	pin55	lin31	in324	min31	tɕin55	lin31	ɕin55
青神	pin44	nin21	in213	min21	tɕin44	nin21	ɕin44
夹江	pin33	nin31	in33	min31	tɕin33	nin31	ɕin33
成都	pin45	nin21	in213	min21	tɕin45	nin21	ɕin45
北京	piŋ55	liŋ35	iŋ55	miŋ35	tɕiŋ55	liŋ35	ɕiŋ55

　　盐亭、射洪、西充、彭山、青神、夹江等六县市方言中，曾梗摄舒声开口三等帮端见系今音读为-in，与臻摄同音。成都话读为-in，北京话读为-iŋ。盐亭、射洪、西充、彭山、青神、夹江等六县市方言此语音特点与成都话保持平行。

　　（10）曾梗三等开口知章组（蒸清）。

字/中古音	征	升	贞	成
四川方言点	知蒸平	书蒸平	知清平	禅清平
盐亭	tsen35	sen35	tsen35	tshen31
射洪	tsen45	sen45	tsen45	tshen31

字/中古音	征	升	贞	成
西充	tsen35	sen35	tsen35	tshen32
彭山	tsen55	sen55	tsen55	tshen31
青神	tsen44	sen44	tsen44	tshen21
夹江	tsen33	sen33	tsen33	tshen31
成都	tsən45	sən45	tsən45	tshən21
北京	tʂəŋ55	ʂəŋ55	tʂəŋ55	tʂhəŋ35

　　盐亭、射洪、西充、彭山、青神、夹江等六县市方言点中，曾梗摄舒声开口三等知系知章组字今音读为-en，与臻摄同音。成都话读为-ən，北京话读为-əŋ。盐亭、射洪、西充、彭山、青神、夹江等六县市方言此语音规律与成都话保持平行。

　　（11）臻摄一三等合口端系（魂谆）。

字/中古音	顿	论	孙	轮	遵	笋
四川方言点	端魂去	来魂去	心魂平	来谆平	精谆平	心谆上
盐亭	ten324	len324	sen35	len31	tsen35	sen51
射洪	ten435	len435	sen45	len31	tsen45	sen51
西充	ten325	luən325	sen35	luən32	lsen35	sen51
彭山	ten324	len324	sen55	len31	tsen55	sen52
青神	ten213	nen213	sen44	nen21	tsen44	sen42
夹江	ten324	nen324	suən33	nen31	tsuən33	sen42
成都	tən213	nən213	sən45	nən21	tsən45	sən42
北京	tuən51	luən51	suən55	luən35	tsuən55	suən214

　　盐亭、射洪、西充、彭山、青神、夹江等六县市方言中，臻摄舒声合口一三等端系端泥精组字失去-u-介音，今音读为开口，与南路话语音规律同，详见下文。成都话读为-ən，北京话读为-uən。盐亭、射洪、西充、彭山、青神、夹江等六县市方言点此语音规律与成都话平行。

（12）通摄一三等帮系（东冬钟）。

字/中古音	蒙	风	蜂
四川方言点	明东平	非东平	敷钟平
盐亭	məŋ31	fəŋ35	fəŋ35
射洪	moŋ31	foŋ45	foŋ45
西充	moŋ32	foŋ35	foŋ35
彭山	məŋ31	fəŋ55	fəŋ55
青神	məŋ21	foŋ44	foŋ44
夹江	moŋ31	foŋ33	foŋ33
成都	moŋ21	foŋ45	foŋ45
北京	məŋ35	fəŋ55	fəŋ55

　　盐亭、射洪、西充、彭山、青神、夹江等六县市方言中，通摄舒声一三等帮系今音读为-əŋ/-oŋ。盐亭、彭山方言点读音-əŋ，受普通话语音影响所致；射洪、西充、青神、夹江方言点读音-oŋ。成都话读为-oŋ，北京话读为-əŋ。盐亭、彭山方言此语音特点与北京话平行，射洪、西充、青神、夹江方言此语音特点与成都话平行。

（三）入声韵

（1）咸山二等开口见系（洽狎黠鎋）。

字/中古音	夹	甲	轧	瞎
四川方言点	见洽入	见狎入	影黠入	晓鎋入
盐亭	tɕiʌ 44	tɕiʌ 44	iʌ 324	ɕiʌ 44
射洪	tɕiʌ 44	tɕiʌ 44	jiʌ 435	ɕiʌ 44
西充	tɕiʌ 44	tɕiʌ 44	iʌ 325	ɕiʌ 32
彭山	tɕiʌ 35	tɕiʌ 35	iʌ 324	ɕiʌ 35
青神	tɕiæ23	tɕiæ23	tsæ23	ɕiæ23
夹江	tɕiʌ 45	tɕiʌ 45	iʌ 324	ɕiʌ 45
成都	tɕiʌ 45	tɕiʌ 45	iʌ 213	ɕiʌ 21
北京	tɕiʌ 55	tɕiʌ 55	iʌ 51	ɕiʌ 35

盐亭、射洪、西充、彭山、青神、夹江等六县市方言中，咸山摄入声开口二等见系字今音读为-iA/-iæ（青神方言受入声影响，主元音略前高化，读为-iæ）。成都话读为-iA，北京话读为-iA。盐亭、射洪、西充、彭山、青神、夹江等六县市方言此语音特点同成都话和北京话保持平行。

（2）咸山二等开口帮知系（洽狎黠鎋）、三等非组（乏月）。

字/中古音	插	八	杀	铡	法	發
四川方言点	初洽入	帮黠入	生黠入	崇鎋入	非乏入	非月入
盐亭	tshA 35	pA 44	sA 44	tsA 44	fA 44	fA 44
射洪	tshA 44	pA 44	sA 44	tsA 44	fA 44	fA 44
西充	tʂhæ44	pA 44	sæ44	tsæ44	fA 44	fA 44
彭山	tshA 35	pA 35	sA 35	tsA 35	fA 35	fA 35
青神	tshæ23	pæ23	sæ23	tsæ23	fæ23	fæ23
夹江	tshA 45	pA 33	sA 45	tsA 45	fA 33	fA 33
成都	tshA 21	pA 21	sA 21	tsA 21	fA 21	fA 21
北京	tʂhA 55	pA 55	ʂA 55	tʂA 35	fA 214	fA 55

盐亭、射洪、西充、彭山、青神、夹江等六县市方言中，咸山摄入声开口二等帮知系、三等非组今音读为-A/-æ（青神方言受入声影响，主元音略前高化，读为-æ；与南路话语音规律同，详见下文）。成都话读为-A，北京话读为-A。此语音特点盐亭、射洪、西充、彭山、夹江方言同成都话和北京话平行，青神方言和南路话平行。

（3）咸山一等开口端系（合盍曷）。

字/中古音	答	纳	杂	塔	腊	达	辣	擦
四川方言点	端合入	泥合入	从合入	透盍入	来盍入	定曷入	来曷入	清曷入
盐亭	tA 44	lA 44	tsA 44	thA 44	lA 44	tA 44	lA 44	tshA 44
射洪	tA 44	lA 11	tsA 44	thA 44	lA 44	tA 44	lA 44	tshA 44
西充	tA 44	lA 44	tsA 44	thA 44	læ44	tA 44	lA 44	tshA 44
彭山	tA 35	lA 35	tsA 35	thA 35	lA 35	tA 35	lA 35	tshA 35
青神	tæ23	næ23	tsæ23	thæ23	næ23	tæ23	næ213	tshæ23
夹江	tA 45	nA 45	tsA 45	thA 33	nA 45	tA 45	nA 45	tshA 45
成都	tA 21	lA 21	tsA 21	tA 21	lA 21	tA 21	lA 21	tshA 21
北京	tA 35	nA 51	tsA 35	tA 214	lA 51	tA 35	lA 51	tshA 55

　　盐亭、射洪、西充、彭山、青神、夹江等六县市方言中，咸山摄入声开口一等端系今音读为·ʌ/-æ（青神方言受入声影响，主元音略前高化，读为-æ；与南路话语音规律同，详见下文）。成都话读为·ʌ，北京话读为·ʌ。此语音特点盐亭、射洪、西充、彭山、夹江方言同成都话和北京话平行，青神方言和南路话平行。

　　（4）咸山一等开口见系（合盍曷）。

字/中古音	鸽	磕	割
四川方言点	见合入	溪盍入	见曷入
盐亭	kə44	khə44	kə44
射洪	kə44	khə44	kə44
西充	ko44	kho44	ko44
彭山	kə35	khə35	kə35
青神	kiɛ23	khɛ23	kɛ23
夹江	kə45	khə45	kə45
成都	ko21	kho21	ko21
北京	kɤ55	khɤ55	kɤ55

　　盐亭、射洪、西充、彭山、青神、夹江等六县市方言中，咸山摄入声开口一等见系今音读为-ə/-o/-ɛ（盐亭、射洪、彭山、夹江方言读为-ə，青神方言读为-ɛ；与南路话语音规律同，详见下文。西充方言读为-o）。成都话读为-o，北京话读为-ɤ。此语音特点盐亭、射洪、彭山、青神、夹江方言与南路话平行，西充方言与成都话保持平行。

　　（5）山摄一三等合口（末，帮端见系；薛，知系）。

字/中古音	末	阔	活	脱	拙	说
四川方言点	明末入	溪末入	匣末入	透末入	章薛入	书薛入
盐亭	mo44	khue44	xə44	tho44	tsho44	so44
射洪	mө44	khue44	xө44	thө44	tshө44	sө44
西充	mo44	khue44	xo44	tho44	tsho44	so44
彭山	mo35	khuai35	xo35	tho35	tsho35	so35
青神	mө23	khuai23	xө23	thө23	tshө23	sө23
夹江	mo45	kho45	xo45	tho45	tsho45	so45

字/中古音	末	阔	活	脱	拙	说
成都	mo21	khue21	xo21	to21	tsho21	so21
北京	mo51	khuo51	xuo35	thuo55	tʂuo35	ʂuo55

盐亭、射洪、西充、彭山、青神、夹江等六县市方言中，山摄入声合口一等帮端见系、三等知系今音读为-o/-ɵ/-ue/-uai（射洪、青神方言点受入声影响，主元音略央化，读为-ɵ；"阔"字开合口不定，读作合口受普通话语音影响）。成都话读作-o；北京话帮系字读为-o，端见知三系读为-uo。盐亭、射洪、西充、彭山、青神、夹江等六县市方言此语音特点与成都话保持平行。

（6）咸山三等开口知系（葉薛）。

字/中古音	涉	撤	舌	热
四川方言点	禅葉入	彻薛入	船薛入	日薛入
盐亭	se44	tshe44	se44	ze44
射洪	se44	tshe44	se44	ze44
西充	sæ44	tshe44	se44	ze44
彭山	sai35	tshai35	sai35	zai35
青神	sæ23	tshæ23	sæ23	zæ23
夹江	sai45	tshai45	sai45	zai45
成都	se21	tshe21	se21	ze21
北京	ʂɤ51	tʂhɤ51	ʂɤ35	ʐ̩ɤ51

盐亭、射洪、西充、彭山、青神、夹江等六县市方言中，咸山摄入声开口三等知系字今音读为-e/-ai/-æ（盐亭、射洪方言读音为-e。西充、青神方言受入声影响，读为-æ；与南路话语音规律同，详见下义。彭山、夹江方言受入声影响，读为-ai；与南路话语音规律同，详见下文）。成都话读为-e，北京话读为-ɤ。此语音特点盐亭、射洪方言与成都话保持平行，西充、青神、彭山、夹江方言与南路话保持平行。

（7）山摄三四等合口精见系（薛月屑）。

字/中古音	絶	月	缺	血
四川方言点	从薛入	疑月入	溪屑入	晓屑入
盐亭	tɕye44	ye44	tɕhye44	çye44
射洪	tɕye44	ye44	tɕhye44	çye44
西充	tɕye44	io44 ye44	tɕhye44	çye44
彭山	tɕio35	io35	tɕhio35	çiɛ35
青神	tɕyo23	yo23	tɕhyo23	çiɛ23
夹江	tɕye45	ye45	tɕhye45	çi45
成都	tɕye21	ye21	tɕhye21	çe21
北京	tɕyɛ35	yɛ51	tɕhyɛ55	çyɛ214

　　盐亭、射洪、西充、彭山、青神、夹江等六县市方言中，山摄入声合口三四等精组见系今音读为-ye/-io/-yo（盐亭、射洪、西充、夹江方言读音为-ye。彭山方言受入声语音影响，读为-io；与南路话语音规律同，详见下文。青神方言受入声语音影响，读为-yo；与南路话语音规律同，详见下文。西充方言"月"字音白读-io44，文读-ye44。盐亭、射洪、西充方言"血"字读音为-ye撮口呼韵母，彭山、青神、夹江方言"血"字读音为-iɛ/-i 齐齿呼韵母）。成都话读为-ye，北京话读为-yɛ。此语音特点盐亭、射洪、西充、夹江方言同成都话和北京话平行，彭山、青神方言与南路话平行。

（8）咸山三四等开口帮端见系（葉業帖薛月屑）。

字/中古音	接	灭	列	揭	切
四川方言点	精葉入	明薛入	来薛入	见月入	清屑入
盐亭	tɕie44	mi44	li44	tɕi44 tɕie44	tɕhie44
射洪	tɕie44	mie44	lie44	tɕhie44	tɕhie44
西充	tɕi44	mi44	li44	tɕi44	tɕhi44
彭山	tɕiɛ35	miɛ35	liɛ35	tɕiɛ35	tɕhiɛn35
青神	tɕiɛ23	miɛ23	niɛ23	tɕiɛ23	tɕhiɛ23
夹江	tɕi33	mie45	nie45	tɕi45 tɕie45	tɕhi45

字/中古音	接	灭	列	揭	切
成都	tɕie21	mie21	nie21	tɕie21	tɕhie21
北京	tɕiɛ55	miɛ51	liɛ51	tɕiɛ35	tɕhiɛ51 tɕhiɛ55

盐亭、射洪、西充、彭山、青神、夹江等六县市方言中，咸山摄入声开口三四等帮端见系今音读为-ie/-iɛ/-i（射洪方言读音为-ie；彭山、青神方言读音为-iɛ；西充方言读音为-i，与中古音止摄、蟹摄开口三四等、深臻曾梗摄入声开口三四等帮端见系主元音-i 相混；盐亭、夹江方言读音为-ie/-i 相混，处于语音演变的中间渐变状态）。成都话读为-ie，北京话读为-iɛ。此语音特点射洪方言与成都话平行，彭山、青神方言与北京话平行，盐亭、夹江方言与成都话部分平行。

（9）宕江摄一二等开口（铎觉，帮端知见系；觉，见系）。

字/中古音	各	托	桌	剥	确	学
四川方言点	见铎入	透铎入	知觉入	帮觉入	溪觉入	匣觉入
盐亭	kə44	thɤ44	tsɤ44	pɤ44	tɕhio44	ɕio44
射洪	kə44	thɤ44	tsɤ44	pɤ44	tɕhiɤ44	ɕiɤ44
西充	kɒ44	thʌ44	tsɒ44	pɒ44	tɕhio44	ɕio44
彭山	kə35	thɤ35	tsɤ35	pɤ35	tɕhio35	ɕio35
青神	kɛ23	thɤ23	tsɤ23	pɤ23	tɕhyo23	ɕyo23
夹江	kə45	thɤ45	tsɤ33	pɤ45	tɕhyɤ45	ɕio45
成都	ko21	tho21	tso21	po21	tɕhio21	ɕio21
北京	kɤ51	thuo55	tʂuo55	po55	tɕhyɛ51	ɕyɛ35

盐亭、射洪、西充、彭山、青神、夹江等六县市方言中，宕江摄入声开口一二等帮端知见系今音读为-ə/-o/-ɤ/-io/-iɤ/-yo（-io/-iɤ/-yo 韵母只出现在江摄觉韵入声见系，且声母受介音-i-、-y-影响腭化，同南路话语音。射洪、青神方言受入声影响，主元音略央化，读音为-ɤ/iɤ；与南路话语音规律同，详见下文。盐亭、射洪、彭山、青神、夹江方言见系铎韵为不圆唇，读音为-ə/-ɛ，同南路话语音。西充方言读为-o/-io，部分同南路话语音）。成都话读为-o/-io，北京话读为-ɤ/-uo/-o/-yɛ。盐亭、射洪、西充、彭山、青神、夹江等六县市方

言此语音特点同成都话和南路话基本保持平行。

（10）宕三开口（药，端见系开；药，知章组）。

字/中古音	略	削	虐	酌	弱
四川方言点	来药入	心药入	疑药入	章药入	日药入
盐亭	lio44	ɕye44	io44	tso44	zo44
射洪	lie44	ɕye44	ie44	tsɵ44	zɵ44
西充	lio44	ɕio44	io44	tso44	zo44
彭山	lio35	ɕio35	io35	tso35	zo35
青神	yo23	ɕyo23	yo23	tsɵ23	zɵ23
夹江	nye45	ɕye33	nye45	tso45	zo45
成都	nio21	ɕye21	io21	tso21	zo21
北京	lyɛ51	ɕye55 ɕiɑu55	nyɛ51	tʂuo35	ʐ̩uo51

盐亭、射洪、西充、彭山、青神、夹江等六县市方言中，宕摄入声开口三等端见系字今音读为-io/-ye/-ie（除端系泥组外，声母受介音-i-、-y-影响腭化。"削"字读音特殊：盐亭、射洪、夹江方言读为-ye，与成都话语音同；西充、彭山、青神方言读为-io/-yo，与南路话语音同），知系字今音读为-o/-ɵ。射洪方言受入声影响，主元音略央化，读音为-ie/-ɵ。成都话读作-io/-o，北京话读作-yɛ/-uo。盐亭、射洪、西充、彭山、青神、夹江等六县市方言此语音特点同成都话和南路话平行。

（11）曾一梗二开合口帮端知见系（德，陌二麦）。

字/中古音	北	得	黑	国	百	泽	赫	麦	获
四川方言点	帮德入	端德入	晓德入	见德入	帮陌入	澄陌入	晓陌入	明麦入	匣麦入
盐亭	pe44	te44	xe44	kue44	pe44	tshe44	xe44	me44	xue44
射洪	pe44	te44	xe44	kue44	pe44	tshe44	xe44	me44	xue44
西充	pe44	te44	xe44	kue44	pe44	tshe44	xe44	me44	xuæ44
彭山	pai35	tai35	xai35	kuai35	pai35	tshai35	xai35	mai35	xo35
青神	pæ23	tæ23	xæ23	kɵ23	pæ23	tshæ23	xæ23	mæ23	xɛ23
夹江	pai45	tai33	xai33	ko45	pai33	tshai45	xai33	mai45	xɤ45
成都	pe21	te21	xe21	kue21	pe21	tshe21	xe21	me21	xue21

字/中古音	北	得	黑	国	百	泽	赫	麦	获
北京	pei214	tɤ35	xei55	kuo35	pai35	tsɤ35	xɤ51	mai51	xuo51

　　盐亭、射洪、西充、彭山、青神、夹江等六县市方言中，曾摄一等、梗摄二等入声开合口帮端知见系今音读为-e/-ai/-æ（"国"字音韵地位是曾摄一等入声合口见系，"获"字音韵地位是梗摄二等入声合口见系，均为例外。盐亭、射洪、西充方言读为-e。彭山、夹江方言受入声影响，读音为-ai；与南路话语音规律同，详见下文。青神方言受入声影响，读音为-æ；与南路话语音规律同，详见下文）。前文假摄三等开口知系（麻三）、前文咸山摄三等开口知系（葉薛）、后文深臻曾梗二三等开口庄组（缉栉职麦）等同主元音-e/-ai/-æ。成都话读为-e，北京话读为-ɤ/-ai/-ei/-uo。此语音特点盐亭、射洪、西充方言与成都话平行，彭山、夹江、青神方言与南路话平行。

　　（12）臻摄合口一三等帮端非知系（没物术）。

字/中古音	勃	忽	骨	突	卒	物	出
四川方言点	并没入	晓没入	见没入	定没入	精没入	非物入	昌术入
盐亭	pho44	xo44	ko44	tho44	tɕio44	o44	tsho44
射洪	pho44	xɵ44	ku44	thu44	tɕiɵ44	wu44	tshu44
西充	pho44	xo44	ko44	tho44	tɕio44	o44	tʂho44
彭山	po35	xo35	ko35	tho35	tso35	o35	tsho35
青神	phɵ23	xɵ23	kɵ23	thɵ23	tshɵ23	ɵ23	tshɵ23
夹江	po33	xu45	ku45	thu45	tsu45	u45	tshu45
成都	pho21	fu21	ku21	thu21	tɕio21	vu21	tshu21
北京	po35	xu55	ku214	thu55	tsu35	u51	tʂu55

　　盐亭、射洪、西充、彭山、青神、夹江等六县市方言中，臻摄入声合口一三等帮系、端系端组、知系今音读为-o/-ɵ/-u（青神方言受入声影响，主元音略央化，读为-ɵ。与南路话语音规律同，详见下文。盐亭、西充、彭山方言读为-o，与南路话语音规律同，详见下文。夹江方言读为-u。射洪方言受入声影响读为-ɵ/-u，处于语音演变的中间渐变状态）。成都话读为-u，北京话读为-u。此语音特点青神、盐亭、西充、彭山方言与南路话保持平行，夹江、射洪方言

同成都话和北京话保持平行。

（13）臻摄合口三等精组见系（物术）。

字/中古音	橘	屈	恤	戌
四川方言点	见术入	溪物入	心术入	心术入
盐亭	tɕy44	tɕhio44	ɕy44	ɕy44
射洪	tɕy44	tɕhie44	ɕye44	ɕiɵ44
西充	tɕi44	tɕhio44	ɕi44	ɕi44
彭山	tɕyɛ35	tɕhio35	ɕiɛ35	ɕy55
青神	tɕyo23	tɕhyo23	ɕiɛ23	ɕiɛ23
夹江	tɕy45	tɕhiu45	ɕye33	ɕy33
成都	tɕy21	tɕhio21 tɕhy21	ɕye21 ɕy21	ɕio21 ɕy21
北京	tɕy35	tɕhy55	ɕy51	ɕy55

　　盐亭、射洪、西充、彭山、青神、夹江等六县市方言中，臻摄入声合口三等精组见系字今音读为-y/-ye/-io/-iɵ/-yo（撮口呼-y 韵母为主；齐齿呼-iɵ 韵母受入声影响，主元音略央化。韵母"恤戌"为书面用字，盐亭、射洪、西充、彭山、青神、夹江各方言点多读为文读音或新派音。射洪、西充、彭山、青神方言点受入声影响，部分字读为齐齿呼-i/-io/-iɵ 或撮口呼-yo/-yɛ 韵母；与南路话语音规律同，详见下文。其中射洪方言读为-y/-iɵ，西充方言读为-i/-io，彭山方言读为-yɛ/-io/-y，青神方言读为-yo/-iɛ，均同南路话语音。盐亭、夹江方言多读为撮口呼-y 韵母）。成都话新派音读为-y，北京话读为-y。此语音特点射洪、西充、彭山、青神方言与南路话平行，盐亭、夹江方言同成都话和北京话平行。盐亭、射洪、西充、彭山、青神、夹江等六县市方言此语音规律处于语音演变的中间渐变状态。

（14）深臻曾梗三四等开口帮端见系（缉质迄职昔陌三锡）。

字/中古音	集	急	必	七	吉
四川方言点	从缉入	见缉入	帮质入	清质入	见质入
盐亭	tɕi44	tɕi44	pi44	tɕhi44	tɕi44
射洪	tɕi44	tɕi44	pi44	tɕhi44	tɕi44

续表

字/中古音	集	急	必	七	吉
西充	tɕi44	tɕi44	pi44	tɕhi44	tɕi44
彭山	tɕiɛ35	tɕiɛ35	piɛ35	tɕhiɛ35	tɕiɛ35
青神	tɕiɛ23	tɕiɛ23	piɛ23	tɕhiɛ23	tɕiɛ23
夹江	tɕi45	tɕi45	pi45	tɕhi45	tɕi45
成都	tɕie21 tɕi21	tɕie21 tɕi21	pie21 pi21	tɕhie21 tɕhi21	tɕie21 tɕi21
北京	tɕi35	tɕi35	pi51	tɕhi55	tɕi35

字/中古音	逼	力	息	席	剧	壁	历	戚
四川方言点	帮职入	来职入	心职入	邪昔入	群陌入	帮锡入	来锡入	清锡入
盐亭	pi44	li44	ɕi44	ɕi44	tɕy324	pi44	li44	tɕhie44
射洪	pi435	li44	ɕi44	ɕi44	tɕy435	pi44	li44 lie44	tɕhi44
西充	pi35	li44	ɕi44	ɕi44	tɕy325	pi44	li44	tɕhi44
彭山	pi55	liɛ35	ɕiɛ35	ɕiɛ35	tɕy324	piɛ35	liɛ35	tɕhiɛ35
青神	piɛ23	niɛ23	ɕiɛ23	ɕiɛ23	tɕy213	piɛ23	niɛ23	tɕhiɛ23
夹江	pi45	ni45	ɕi45	ɕi45	tɕy324	pi45	ni324 ni45	tɕhi45
成都	pie21 pi21	lie21 li21	ɕie21 ɕi21	ɕie21 ɕi21	tɕy213	pie21 pi21	lie21 li21	tɕhie21 tɕhi21
北京	pi55	li51	ɕi55	ɕi35	tɕy51	pi51	li51	tɕhi51

　　盐亭、射洪、西充、彭山、青神、夹江等六县市方言中，深臻曾梗摄入声开口三四等帮端见系字今音读为-i/-iɛ（"剧"字撮口呼-y音为例外。盐亭、射洪、西充、夹江方言点读为-i。彭山、青神方言受入声影响，读为-iɛ；与南路话语音规律同，详见下文）。成都话老派音读作-ie，新派读作-i。北京话读作-i。此语音特点盐亭、射洪、西充、夹江方言同成都话新派音和北京话平行，彭山、青神方言同成都话老派音和南路话语音平行。

（15）深臻曾梗二三等开口庄组（缉栉职麦）。

字/中古音	涩	瑟	测	色	策
四川方言点	生缉入	生栉入	初职入	生职入	初麦入
盐亭	se44	se44	tshe44	se44	tshe44
射洪	se44	se44	tshe44	se44	tshe44
西充	sæ44	sæ44	tshe44	se44	tshe44
彭山	sai35	sai35	tshai35	sai35	tshai35
青神	sə23	sə23	tshæ23	sæ23	tshæ23
夹江	sai45	sai45	tshai45	sai45	tshai45
成都	se21	se21	tshe21	se21	tshe21
北京	sɤ51	sɤ51	tshɤ51	sɤ51 ʂai214	tshɤ51

　　盐亭、射洪、西充、彭山、青神、夹江等六县市方言中，深臻曾梗摄入声开口二三等知系庄组今音读为-e/-æ/-ai（盐亭、射洪方言读作-e。西充方言受入声影响，读作-æ/-e；处于语音演变的中间渐变状态。其中深臻摄读作-æ，与南路话语音规律同，详见下文；曾梗摄读作-e。彭山、夹江方言受入声影响，读作-ai；与南路话语音规律同，详见下文。青神方言受入声影响，读作-ə/-æ；处于语音演变的中间渐变状态。其中深臻摄读作-ə；曾梗摄读作-æ，与南路话语音规律同，详见下文）。前文假摄三等开口知系（麻三）、前文咸山三等开口知系（葉薛）、前文曾一梗二开合口帮端知见系（德，陌二麦）等同主元音韵-e/-æ/-ai。成都话读为-e，北京话读为-ɤ。此语音特点盐亭、射洪方言与成都话平行；西充、青神方言部分与成都话平行，部分与南路话平行；彭山、夹江方言与南路话平行。

（16）深臻曾梗三等开口知章组（缉质职昔）。

字/中古音	十	侄	质	直	食	石
四川方言点	禅缉入	澄质入	章质入	澄职入	船职入	禅昔入
盐亭	sʅ44	tʂʅ44	tʂʅ44	tʂʅ44	sʅ44	sʅ44
射洪	sʅ44	tʂʅ44	tʂʅ44	tʂʅ44	sʅ44	sʅ44
西充	sʅ44	tʂʅ44	tʂʅ44	tʂʅ44	sʅ44	sʅ44
彭山	sə35	tsə35	tsə35	tsə35	sə35	sə35

字/中古音	十	侄	质	直	食	石
青神	sə23	tsə23	tsə23	tsə23	sə23	sə23
夹江	sʅ45	tsʅ45	tsʅ45	tsʅ45	sʅ45	sʅ45
成都	sʅ21	tsʅ21	tsʅ21	tsʅ21	sʅ21	sʅ21
北京	ʂʅ 35	tʂʅ 35	tʂʅ 51	tʂʅ 35	ʂʅ 35	ʂʅ 35

　　盐亭、射洪、西充、彭山、青神、夹江等六县市方言中，深臻曾梗摄入声开口三等知系知章组字今音读为-ʅ/-ɿ/-ə（盐亭、射洪、夹江方言读作舌尖前元音-ɿ。西充方言受入声影响，读作舌尖后元音-ʅ；与南路话语音规律同，详见下文。彭山、青神方言受入声影响，读作舌面央元音-ə；与南路话语音规律同，详见下文）。成都话读为ʅ，北京话读为-ʅ。此语音规律盐亭、射洪、夹江方言与成都话平行；西充方言同南路话和北京话平行，但舌尖后元音ʅ韵母与北京话发音有语音区别，因方言点语音差别不同所致；彭山、青神方言与南路话平行。

　　（17）曾梗通三等合口精组见系（职昔、屋三烛）。

字/中古音	域	疫	役	菊	育	局	欲	肃	足
四川方言点	云职入	以昔入	以昔入	见屋入	以屋入	群烛入	以烛入	心屋入	精烛入
盐亭	io44	io44	io44	tɕio44	io44	tɕio44	io44	ɕio44	tɕio44
射洪	iɵ44	iɵ44	iɵ44	tɕy44	iɵ44	tɕy44	iɵ44	ɕiɵ44	tɕiɵ44
西充	io44	io44	io44	tɕio44	io44	tɕio44	io44	ɕio44	tɕio44
彭山	io35	io35	io35	tɕhyɛ35	io35	tɕy35	io35	so35	tso35
青神	yo23	iɛ23	iɛ23	tɕhyo23	yo23	tɕy213	yo23	sə23	tsə23
夹江	iu45	i45	i45	tɕy45	iu45	tɕy45	y45	ɕiu45	tsu45
成都	io21	io21	io21	tɕy21	io21	tɕy21	io21	ɕio21	tɕio21
北京	y51	i51	i51	tɕy35	y51	tɕy35	y51	su51	tsu35

　　盐亭、射洪、西充、彭山、青神、夹江等六县市方言中，曾梗通摄入声合口三等精组见系字今音读为-io/-iɵ/-yo（盐亭、西充方言受入声影响，读作-io；与南路话语音规律同，详见下文。射洪方言受入声影响，主元音略央化，读作-iɵ；与南路话语音规律同，详见下文。彭山方言受入声影响，读-io/-o；处于语音演变的中间渐变状态。其中曾梗通摄入声合口三等见系字读为-io；与南路话语音规律同，详见下文。通摄入声合口三等精组字读为-o。青神方言

受入声影响，读作-yo/-iɛ/-ɵ；处于语音演变的中间渐变状态。其中曾通摄入声合口三等见系读为-yo，与南路话语音规律同，详见下文。梗摄入声合口三等见系字"疫役"语音文读为-iɛ，通摄入声合口三等精组字读为-ɵ。夹江方言受入声影响，读作-iu/-i/-y；处于语音演变的中间渐变状态。其中梗摄入声合口三等见系读为-i，曾摄见系、通摄精组入声合口三等读为-iu，-iu应为-io/-iɵ在腭音前的音位变体；通摄入声合口三等见系读为撮口呼-y韵）。成都话读为-io/-y，北京话读为-i/-y/-u。此语音特点三者互不平行。盐亭、西充、射洪方言与南路话平行；彭山、青神方言处于语音演变的中间渐变状态，同南路话和成都话部分平行；夹江方言不与其他四川方言点同，语音近于普通话，与北京话平行。

（18）通摄帮系（屋一屋三）。

字/中古音	僕	木	服	目
四川方言点	并屋一入	明屋一入	奉屋三入	明屋三入
盐亭	pho44	mo44	fo44	mo44
射洪	phɵ44	mɵ44	fu44	mɵ44
西充	pho44	mo44	fo44	mo44
彭山	pho35	mo35	fə35	mo35
青神	phu42	mɵ23	fɵ23	mɵ23
夹江	phu45	mu45	fu45	mu45
成都	phu21	mu21	fu21	mu21
北京	phu35	mu51	fu35	mu51

盐亭、射洪、西充、彭山、青神、夹江等六县市方言中，通摄入声帮系今音读为-o/-ɵ/-u（盐亭、西充、彭山方言受入声影响，读为-o；与南路话语音规律同，详见下文。又，彭山方言通摄入声帮系轻唇音字"服"，其圆唇元音韵母受唇齿清擦音f声母语音影响而读作央元音韵母-ə。射洪、青神方言受入声影响，主元音略央化，读为-ɵ；与南路话语音规律同，详见下文。夹江方言读为-u。）成都话读为-u，北京话读为-u。此语音特点盐亭、西充、彭山、射洪、青神方言与南路话平行，夹江方言同成都话和北京话平行。

（19）通摄端见系（东冬）。

字/中古音	鹿	族	毒	哭	屋	酷
四川方言点	来屋入	从屋入	定沃入	溪屋入	影屋入	溪沃入
盐亭	lo44	tsho44	to44	kho44	o44	kho44
射洪	lu31	tshɵ44	tu44	khu44	wu44	khə44
西充	lo44	tsho44	to44	kho44	o44	kho44
彭山	lo35	tsho35	to35	kho35	o35	khu35
青神	nɵ23	tshɵ23	tɵ23	khɵ23	u213	khɛ23
夹江	nu45	tɕhy45	tu45	khu45	vu45	khu45
成都	lu21	tɕhio21 tsu21	tu21	khu21	vu21 u21	khu21
北京	lu51	tsu35	tu35	khu55	u55	khu51

盐亭、射洪、西充、彭山、青神、夹江等六县市方言中，通摄入声端见系字今音读为-o/-ɵ/-u（盐亭、西充、彭山方言受入声影响，读作-o；与南路话语音规律同，详见下文。青神方言受入声影响，主元音略央化，读作-ɵ；与南路话语音规律同，详见下文。射洪、夹江方言读作-u，"族"字受入声影响读为-ɵ/-y）。成都话读作-u，北京话读作-u。此语音特点盐亭、西充、彭山、青神方言与南路话平行，射洪、夹江方言同成都话和北京话平行。

（20）通摄泥精组知系（屋三烛）。

字/中古音	陆	绿	肃	足	竹	烛	辱
四川方言点	来屋入	来烛入	心屋入	精烛入	知屋入	章烛入	日烛入
盐亭	lo44	lo44	ɕio44	tɕio44	tso44	tso44	zu51
射洪	lu44	lu44	ɕio44	tɕiɵ44	tsu44	tsu44	zu51
西充	lo44	lo44	ɕio44	tɕio44	tso44	tso44	zo44
彭山	lo35	lo35	so35	tso35	tso35	tso35	zo35
青神	nɵ23	nɵ23	sɵ23	tsɵ23	tsɵ23	tsɵ23	zɵ23
夹江	nu45	nu45	ɕiu45	tsu45	tsu45	tsu45	zu45
成都	lu21	lu21 ly21	ɕio21 su21	tɕio21 tsu21	tsu21	tsu21	zo21 zu21
北京	lu51	ly51	su51	tsu35	tʂu35	tʂu35	ʐu214

  盐亭、射洪、西充、彭山、青神、夹江等六县市方言中，通摄入声泥精组知系字今音读为-o/-ɵ/-io/-iɵ/-u（盐亭、西充方言受入声影响，读作-o/-io；与南路话语音规律同，详见下文。其中，通摄入声泥组知系读为-o，精组读为-io。射洪方言读作-u/-iɵ；处于语音演变的中间渐变状态。其中，通摄入声泥组知系读为-u；精组受入声影响，主元音略央化，读作-iɵ；与南路话语音规律同，详见下文。彭山方言受入声影响，读作-o；处于语音演变的中间渐变状态。与南路话语音规律同，详见下文。青神方言受入声影响，主元音略央化，读作-ɵ；处于语音演变的中间渐变状态。与南路话语音规律同，详见下文。夹江方言读作-u）。除"绿"字撮口呼韵母-y外，成都话老派音读作-u/-io，成都话新派音读作-u；北京话读作-u。此语音特点盐亭、西充、彭山、青神方言与南路话平行，射洪方言与成都话老派音平行，夹江方言同成都话新派音和北京话平行。

第三节 声调语音特征

  盐亭、射洪、西充、彭山、青神、夹江等六县市方言点有阴平、阳平、上声、去声、入声五个调类，中古入声字今读入声调，调值趋于半高平调、高升调。

古声类	平清	平浊	上清	上次浊	去清浊	上全浊	入全浊	入次浊	入清
例字	包通春开	门龙寒油	古董稳洗	米暖五染	叹菜换万	柱静件市	白达舌或	腊力月物	德国约法
调类	阴平	阳平	上	上	去	去	入	入	入
盐亭	35	31	51	51	324	324	入44	入44	入44
射洪	45	31	51	51	435	435	入44	入44	入44
西充	35	32	51	51	325	325	入44	入44	入44
彭山	55	31	52	52	324	324	入35	入35	入35
青神	44	21	42	42	213	213	入23	入23	入23
夹江	33	31	42	42	324	324	入33	入45	入33
成都	阴平45	阳平21	上42	上42	去213	去213	阳平21	阳平21	阳平21
北京	阴平55	阳平35	上214	上214	去51	去51	阳平35	去51	平上去

第三章　四川盐亭等六县市方言的语音特征

第一节　四川盐亭等六县市方言的南路话语音特征

"南路话"是四川人对当地的一种方言的俗称。"南路话"指岷江以西及以南，特别是成都西南的都江堰、温江、崇州、大邑、邛崃、蒲江和新津一带的方言。它在语音、词汇上都有自己的特征，最明显的不同于"湖广话"的语音特征是入声独立。在更大的范围上，有这种语音特征的话沿岷江以西一直向南分布，经乐山、宜宾直至泸州地区，再折向东北进入今重庆市境内。整个区域约相当于《中国方言地图集》（1987）中的"西南官话灌赤片"中的"岷江小片"。由于水路便利，东南而去的岷江是古代成都、乐山、宜宾等城市经长江进出四川盆地的主要通道，商旅必经，这条通路称为"南路"。成都的"湖广人"称讲这种当地话的人为"南路人"。在当地人对方言的认识中，"南路话"与以成都市区话为代表的"湖广话"是两种完全不同的方言。下文论述盐亭、射洪、西充、彭山、青神、夹江等六县市方言的南路话语音特征。

1. 泥来母一二等字相混，三四等字区别，区分"泥离"，形成舌尖中浊鼻音 l-/n-与舌面前浊鼻音 ȵ-对立，与广韵音系相应。

字/中古音	南	兰	泥	离	娘
四川方言点	泥覃平	来寒平	泥齐平	来支平	泥阳平
盐亭	læn31	læn31	ȵi31	li31	ȵiaŋ31
射洪	læn31	læn31	ȵi31	li31	ȵiaŋ31
西充	læn32	læn32	ȵi32	li32	ȵiaŋ32
彭山	lan31	lan31	ȵi31	li31	ȵiaŋ31
青神	nan21	nan21	ni21	ni21	niaŋ21

字/中古音	南	兰	泥	离	娘
夹江	nan31	nan31	ni31	ni31	niaŋ31
成都	nan21	nan21	n̠i21	ni21	n̠iaŋ21

字/中古音	良	农	笼	女	旅
四川方言点	来阳平	泥冬平	来东平	泥鱼上	来鱼上
盐亭	lieŋ31	loŋ31	loŋ31	n̠y51	lu51 ly51
射洪	lieŋ31	loŋ31	loŋ31	ly51	ly51
西充	lieŋ32	loŋ32	loŋ32	ly51	ly51
彭山	liaŋ31	loŋ31	loŋ31	n̠y52	n̠y52
青神	niaŋ21	noŋ21	noŋ21	ny21	ny42
夹江	niaŋ31	noŋ31	noŋ31	ny42	ny42
成都	niaŋ21	noŋ21	noŋ21	n̠y42	ny42

古泥来母的发音一二等字相混，三四等字区分。盐亭、射洪、西充、彭山方言泥（娘）母一二等字读作舌尖中浊边音 l-，三四等字读作舌面前浊鼻音 n̠-。青神、夹江方言泥来母一二三四等字完全相混不予区分，均读作舌尖中浊鼻音 n-。盐亭、射洪、西充、彭山方言点与南路话语音规律同。

2. 蟹山摄舒声合口一等端系端组（山摄又端系泥组）字失去-u-介音读开口。"对端暖乱"等字读-ei/-an。

（1）端组字：蟹山臻合口一等舒声。

字/中古音	堆	对	端	短	盾	顿
四川方言点	端灰平	端队去	端桓平	端缓上	定混上	端恩去
盐亭	tuei35	tuei324	tuæn35	tuæn51	ten324	ten324
射洪	tuei45	tuei435	tuæn45	tuæn51	ten435	ten435
西充	tuei35	tuei325	tuæn35	tuæn51	ten325	ten325
彭山	tei55	tei324	tan55	tan52	ten324	ten324
青神	tuei44	tuei213	tuan44	tuan42	ten213	ten213
夹江	tuei33	tuei324	tuan33	tuan42	ten324	ten324

字/中古音	堆	对	端	短	盾	顿
成都	tuei45	tuei213	tuan45	tuan42	tən213	tən213
北京	tuei55	tuei51	tuan55	tuan213	tuən51	tuən51

　　盐亭、射洪、西充、青神、夹江等五县市方言中，蟹摄、山摄舒声合口一等端系端组字今读合口，臻摄舒声合口一等端系端组字失去-u-介音今读开口（彭山方言点蟹山臻摄舒声合口一等端系端组字读开口，语音规律与南路话同）。成都话蟹摄、山摄舒声合口一等端系端组字读作合口，臻摄舒声合口一等端系端组字今读开口；北京话读作合口。盐亭、射洪、西充、青神、夹江方言与成都话呈现语音平行，彭山方言与南路话语音区域平行。盐亭、射洪、西充、青神、夹江方言蟹山摄与北京话平行。

　　（2）泥组字：止蟹山臻摄合口一三等舒声。

字/中古音	累	泪	内	乱	恋	嫩	轮
四川方言点	来支上	来脂去	泥队去	来换去	来线去	泥恩去	来谆平
盐亭	luei51	luei324	luei324	luæn324	liɛn324	len324	len31
射洪	luei51	luei435	luei435	luæn435	liɛn435	len435	len31
西充	luei51	luei325	luei325	luæn325	liɛn325	len325	luən32
彭山	lei324	lei324	lei324	lan324	liɛn324	len324	len31
青神	nuei213	nuei213	nuei213	nuan213	niɛn213	nen213	nen21
夹江	nuei42	nuei324	nuei324	nuan324	niē324	nen324	nen31
成都	nuei42	nuei213	nuei213	nuan213	niɛn213	nən213	nən21
北京	lei214	lei51	nei51	luan51	liɛn51	nuən51 nən51	luən35

　　盐亭、射洪、西充、彭山、青神、夹江等六县市方言中，臻摄舒声合口一等字今读开口，蟹摄、止摄、山摄舒声合口一三等字今读合口（彭山方言点今读开口）。彭山方言点蟹摄、止摄、山摄、臻摄舒声合口一三等字今读开口，与南路话语音规律同。成都话止蟹山摄今读合口，臻摄今读开口。北京话蟹止摄读作开口，山臻摄读作合口。盐亭、射洪、西充、青神、夹江方言与湖广话成都话平行，西充方言臻摄、彭山方言止摄与北京话平行。彭山方言与南路话语音规律同。

果摄一等字多数读-u，遇摄一等字老派读-o。南路话的果摄一等字的主元音进一步后高化了，抢先占住了 8 号元音-u 的位置，使得遇摄一等字的主元音还滞留在中古的-o 韵原位置不得高化，臻、通摄入声字也同样滞留在-o 位置。这是一个音系内部元音之间的变动形成的语音格局。

（1）果摄一等帮端知系韵母为-u，见系字为-u。

字/中古音	多	左	哥	我	波	锅	科
四川方言点	端歌平	精哿上	见歌平	疑哥平	帮戈平	见戈平	溪戈平
盐亭	to35	tso51	kə35	ŋo51	po35	ko35	kho35
射洪	to45	tso51	ko45	ŋə51	po45	ko45	khə45
西充	to35	tso51	kə35	ŋo51	po35	ko35	kho35
彭山	tu55	tsu52	kə55	ŋu52	pu55	ku55	khə55
青神	tu44	tsu42	ko44	u42	pu44	ko44	kho44
夹江	to33	tso42	kə33	o42	po33	ko33	khə33
成都	to45	tso42	ko45	ŋo42	po45	ko45	kho45
北京	tuo55	tsuo214	kɤ55	uo214	po55	kuo55	khɤ55

盐亭、射洪、西充、彭山、青神、夹江等六县市方言中，果摄一等帮端见系不分开合口，读音-o/-u/-ə。彭山、青神方言点果摄唇舌齿读音-u 与部分遇摄字同音，与南路话语音规律同。成都话不分开合口，均读为-o。而普通话分开合，唇舌齿音读-uo，喉牙音读-uo/-ɤ。盐亭、射洪、西充、夹江等县市方言此语音规律基本上与成都话保持平行。彭山、青神方言与南路话语音规律同。

（2）模韵帮系端组字（老派）读-o。

字/中古音	普	步	土	图	墓	奴	卢
四川方言点	滂模上	并模去	端模上	定模平	明模去	泥模平	来模平
盐亭	phu51	pu324	thu51	thu31	mo324	lu31	lu31
射洪	phu51	pu435	thu51	thu31	mo435	lu31	lu31
西充	phu51	pu325	thu51	thu32	mu325	lu32	lu32
彭山	phu52	pu324	thu52	thu31	mu324	lu31	lu31
青神	phu42	pu213	thu42	thu21	mu213	nu21	nu21
夹江	phu42	pu324	thu42	thu31	mu324	nu31	nu31

字/中古音	普	步	土	图	墓	奴	卢
成都	phu42	pu213	thu42	thu21	mo213	nu21	nu21
北京	phu214	pu51	thu214	thu35	mu51	nu35	lu35

盐亭、射洪、西充、彭山、青神、夹江等六县市方言中，遇摄一等帮系端（泥）组（模韵）今音读为-u，成都话读为-u，北京话读为-u。盐亭、射洪、西充、彭山、青神、夹江等六县市方言此语音特点同成都话和北京话保持平行。盐亭、射洪方言部分字读-o韵，与南路话语音规律同。

4. 假摄麻三精组见系字韵母读-i，如"姐泻谢爷"。南路话麻三精见组字-ie变为-i的时候，咸山深臻曾梗摄入声三四等字还没有成为-ie，没有一起演变。南路话精见组字读ⅰ的语音现象发生得比较早。

字/中古音	姐	且	写	谢	爷	也	些
四川方言点	精麻上	清麻上	心麻上	邪麻去	以麻平	以麻上	心麻平
盐亭	tɕie51	tɕhi51	ɕi51	ɕie324	i31	i51	ɕi35
射洪	tɕie51	tɕhie51	ɕie51	ɕie435	jie31	jie51	ɕi45
西充	tɕi51	tɕhi51	ɕi51	ɕi325	i32	i51	ɕi35
彭山	tɕi52	tɕhi52	ɕi52	ɕi324	i31	i52	ɕi55
青神	tɕi42	tɕhi42	ɕic42	ɕi213	i21	i42	ɕie44
夹江	tɕie42	tɕie42	ɕi42	ɕie324	i31	i42	ɕi33
成都	tɕie42	tɕhie42	ɕie42	ɕie213	ie21	ie42	ɕi45
北京	tɕiɛ214	tɕhiɛ214	ɕiɛ214	ɕie51	iɛ35	iɛ214	ɕiɛ55

盐亭、射洪、西充、彭山、青神、夹江等六县市方言点假摄开口三等精组见系今音读为-i（射洪音特殊，仍读为-ie，同咸山深臻曾梗入声字读音），同止摄、蟹摄开口四等舒声读音，与南路话语音规律同。成都话读为-ie，北京话读为-iɛ。射洪方言点与成都话平行，盐亭、西充、彭山、青神、夹江方言点与南路话语音平行。

5. 有一大群韵母读-æ的入声字,咸深山臻曾梗入声开口一二三等字韵母都读-æ。如"答腊白色"。

(1)咸山入声开口一二三等字帮端知系读-æ。

①咸山二等开口帮知系(洽狎黠鎋)、三等非组(乏月)。

字/中古音	插	八	杀	铡	法	發
四川方言点	初洽入	帮黠入	生黠入	崇鎋入	非乏入	非月入
盐亭	tshA 35	pA 44	sA 44	tsA 44	fA 44	fA 44
射洪	tshA 44	pA 44	sA 44	tsA 44	fA 44	fA 44
西充	tʂhæ44	pA 44	sæ44	tsæ44	fA 44	fA 44
彭山	tshA 35	pA 35	sA 35	tsA 35	fA 35	fA 35
青神	tshæ23	pæ23	sæ23	tsæ23	fæ23	fæ23
夹江	tshA 45	pA 33	sA 45	tsA 45	fA 33	fA 33
成都	tshA 21	pA 21	sA 21	tsA 21	fA 21	fA 21
北京	tʂhA 55	pA 55	ʂA 55	tʂA 35	fA 214	fA 55

盐亭、射洪、西充、彭山、青神、夹江等六县市方言中,咸山摄入声开口二等帮知系、三等非组今音读为-ʌ/-æ(青神方言受入声影响,主元音略前高化,读为-æ;与南路话语音规律同)。成都话读为-ʌ,北京话读为-ʌ。此语音特点盐亭、射洪、西充、彭山、夹江方言同成都话和北京话平行,青神方言和南路话平行。

②咸山一等开口端系(合盍曷)。

字/中古音	答	纳	杂	塔	腊	达	辣	擦
四川方言点	端合入	泥合入	从合入	透盍入	来盍入	定曷入	来曷入	清曷入
盐亭	tA 44	lA 44	tsA 44	thA 44	lA 44	tA 44	lA 44	tshA 44
射洪	tA 44	lA 44	tsA 44	thA 44	lA 44	tA 44	lA 44	tshA 44
西充	tA 44	lA 44	tsA 44	thA 44	læ44	tA 44	lA 44	tshA 44
彭山	tA 35	lA 35	tsA 35	thA 35	lA 35	tA 35	lA 35	tshA 35
青神	tæ23	næ23	tsæ23	thæ23	næ23	tæ23	næ213	tshæ23
夹江	tA 45	nA 45	tsA 45	thA 33	nA 45	tA 45	nA 45	tshA 45
成都	tA 21	lA 21	tsA 21	tA 21	lA 21	tA 21	lA 21	tshA 21
北京	tA 35	nA 51	tsA 35	tA 214	lA 51	tA 35	lA 51	tshA 55

盐亭、射洪、西充、彭山、青神、夹江等六县市方言中，咸山摄入声开口一等端系今音读为-ʌ/-æ（青神方言受入声影响，主元音略前高化，读为-æ；与南路话语音规律同）。成都话读为-ʌ，北京话读为-ʌ。此语音特点盐亭、射洪、西充、彭山、夹江方言同成都话和北京话平行，青神方言和南路话平行。

③咸山三等开口知系（葉薛）。

字/中古音	涉	撒	舌	热
四川方言点	禅葉入	彻薛入	船薛入	日薛入
盐亭	se44	tshe44	se44	ze44
射洪	se44	tshe44	se44	ze44
西充	sæ44	tshe44	se44	ze44
彭山	sai35	tshai35	sai35	zai35
青神	sæ23	tshæ23	sæ23	zæ23
夹江	sai45	tshai45	sai45	zai45
成都	se21	tshe21	se21	ze21
北京	ʂɤ51	tʂhɤ51	ʂɤ35	ʐ̩ɤ51

盐亭、射洪、西充、彭山、青神、夹江等六县市方言中，咸山摄入声开口三等知系字今音读为-e/-ai/-æ（盐亭、射洪方言读音为-e。西充、青神方言受入声影响，读为-æ；与南路话语音规律同。彭山、夹江方言受入声影响，读为-ai；与南路话语音规律同）。成都话读为-e，北京话读为-ɤ。此语音特点盐亭、射洪方言与成都话保持平行，西充、青神、彭山、夹江方言与南路话保持平行。

（2）曾一梗二入声开口帮端知见系字读-æ/-ɛ。

字/中古音	北	得	黑	国	百	泽	赫	麦	获
四川方言点	帮德入	端德入	晓德入	见德入	帮陌入	澄陌入	晓陌入	明麦入	匣麦入
盐亭	pe44	te44	xe44	kue44	pe44	tshe44	xe44	me44	xue44
射洪	pe44	te44	xe44	kue44	pe44	tshe44	xe44	me44	xue44
西充	pe44	te44	xe44	kue44	pe44	tshe44	xe44	me44	xuæ44
彭山	pai35	tai35	xai35	kuai35	pai35	tshai35	xai35	mai35	xo35
青神	pæ23	tæ23	xæ23	kɵ23	pæ23	tshæ23	xæ23	mæ23	xɛ23
夹江	pai45	tai33	xai33	ko45	pai33	tshai45	xai33	mai45	xə45

字/中古音	北	得	黑	国	百	泽	赫	麦	获
成都	pe21	te21	xe21	kue21	pe21	tshe21	xe21	me21	xue21
北京	pei214	tɤ35	xei55	kuo35	pai35	tsɤ35	xɤ51	mai51	xuo51

盐亭、射洪、西充、彭山、青神、夹江等六县市方言中，曾摄一等、梗摄二等入声开合口帮端知见系今音读为-e/-ai/-æ（"国"字音韵地位是曾摄一等入声合口见系，"获"字音韵地位是梗摄二等入声合口见系，均为例外。盐亭、射洪、西充方言读为-e。彭山、夹江方言受入声影响，读音为-ai；与南路话语音规律同。青神方言受入声影响，读音为-æ；与南路话语音规律同）。假摄三等开口知系（麻三）、咸山摄三等开口知系（葉薛）、深臻曾梗二三等开口庄组（缉栉职麦）等同主元音-e/-ai/-æ。成都话读为-e，北京话读为-ɤ/-ai/-ei/-uo。此语音特点盐亭、射洪、西充方言与成都话平行，彭山、夹江、青神方言与南路话平行。

（3）深臻曾梗摄入声开口二三等知系庄组（缉栉职麦）读-æ。

字/中古音	涩	瑟	测	色	策
四川方言点	生缉入	生栉入	初职入	生职入	初麦入
盐亭	se44	se44	tshe44	se44	tshe44
射洪	se44	se44	tshe44	se44	tshe44
西充	sæ44	sæ44	tshe44	se44	tshe44
彭山	sai35	sai35	tshai35	sai35	tshai35
青神	sə23	sə23	tshæ23	sæ23	tshæ23
夹江	sai45	sai45	tshai45	sai45	tshai45
成都	se21	se21	tshe21	se21	tshe21
北京	sɤ51	sɤ51	tshɤ51	sɤ51 ʂai214	tshɤ51

盐亭、射洪、西充、彭山、青神、夹江等六县市方言中，深臻曾梗摄入声开口二三等知系庄组今音读为-e/-æ/-ai（盐亭、射洪方言读作-e。西充方言受入声影响，读作-æ/-e；处于语音演变的中间渐变状态。其中深臻摄读作-æ，与南路话语音规律同；曾梗摄读作-e。彭山、夹江方言受入声影响，读作-ai；与南路话语音规律同。青神方言受入声影响，读作-ə/-æ；处于语音演变的中

间渐变状态。其中深臻摄读作-ə；曾梗摄读作-æ，与南路话语音规律同）。假摄三等开口知系（麻三）、咸山三等开口知系（葉薛）、曾一梗二合口帮端知见系（德，陌二麦）等同主元音韵-e/-æ/-ai。成都话读为-e，北京话读为-ɤ。此语音特点盐亭、射洪方言与成都话平行；西充、青神方言部分与成都话平行，部分与南路话平行；彭山、夹江方言与南路话平行。

6. 有一大群韵母读-o/-io 的入声字，山臻曾梗通合口和宕江开口入声字大部分韵母读-o/-io。如"绝学局不出竹"。南路话遇摄一等和臻通摄一等入声字的韵母-o，没有高化为-u。

（1）山摄合口三四等、宕江开口二三等入声精组见系字读-io/-iə。

①山摄三四等合口精见系（薛月屑）。

字/中古音	绝	月	缺	血
四川方言点	从薛入	疑月入	溪屑入	晓屑入
盐亭	tɕye44	ye44	tɕhye44	ɕye44
射洪	tɕye44	ye44	tɕhye44	ɕye44
西充	tɕye44	io44 ye44	tɕhye44	ɕye44
彭山	tɕio35	io35	tɕhio35	ɕiɛ35
青神	tɕyo23	yo23	tɕhyo23	ɕiɛ23
夹江	tɕye45	ye45	tɕhyɔ45	ɕl45
成都	tɕye21	ye21	tɕhye21	ɕye21
北京	tɕyɛ35	yɛ51	tɕhyɛ55	ɕyɛ214

盐亭、射洪、西充、彭山、青神、夹江等六县市方言中，山摄入声合口三四等精组见系今音读为-ye/-io/-yo（盐亭、射洪、西充、夹江方言读音为-ye。彭山方言受入声语音影响，读为-io；与南路话语音规律同。青神方言受入声语音影响，读为-yo；与南路话语音规律同。西充方言"月"字音白读-io44，文读-ye44。盐亭、射洪、西充方言"血"字读音为-ye 撮口呼韵母，彭山、青神、夹江方言"血"字读音为-iɛ/-i 齐齿呼韵母）。成都话读为-ye，北京话读为-yɛ。此语音特点盐亭、射洪、西充、夹江方言同成都话和北京话平行，彭山、青神方言与南路话平行。

②宕江摄一二等开口（铎觉，帮端知见系；觉，见系）。

字/中古音	各	托	桌	剥	确	学
四川方言点	见铎入	透铎入	知觉入	帮觉入	溪觉入	匣觉入
盐亭	kə44	tho44	tso44	po44	tɕhio44	ɕio44
射洪	kə44	theɵ44	tseɵ44	peɵ44	tɕhieɵ44	ɕieɵ44
西充	ko44	tho44	tso44	po44	tɕhio44	ɕio44
彭山	kə35	tho35	tso35	po35	tɕhio35	ɕio35
青神	kɛ23	theɵ23	tseɵ23	peɵ23	tɕhyo23	ɕyo23
夹江	kə45	tho45	tso33	po45	tɕhye45	ɕio45
成都	ko21	tho21	tso21	po21	tɕhio21	ɕio21
北京	kɤ51	thuo55	tʂuo55	po55	tɕhye51	ɕyɛ35

盐亭、射洪、西充、彭山、青神、夹江等六县市方言中，宕江摄入声开口一二等帮端知见系今音读为-ə/-o/-ɵ/-io/-ieɵ/-yo（-io/-ieɵ/-yo 韵母只出现在江摄觉韵入声见系，且声母受介音-i-、-y-影响腭化，同南路话语音。射洪、青神方言受入声影响，主元音略央化，读音为-ɵ/-ieɵ；与南路话语音规律同。盐亭、射洪、彭山、青神、夹江方言见系铎韵为不圆唇，读音为-ə/-ɛ，同南路话语音。西充方言读为-o/-io，部分同南路话语音）。成都话读为-o/-io，北京话读为-ɤ/-uo/-o/-yɛ。盐亭、射洪、西充、彭山、青神、夹江等六县市方言此语音特点同成都话和南路话基本保持平行。

③宕三开口（药，端见系开；药，知章组）。

字/中古音	略	削	虐	酌	弱
四川方言点	来药入	心药入	疑药入	章药入	日药入
盐亭	lio44	ɕye44	io44	tso44	zo44
射洪	lieɵ44	ɕye44	ieɵ44	tseɵ44	zeɵ44
西充	lio44	ɕio44	io44	tso44	zo44
彭山	lio35	ɕio35	io35	tso35	zo35
青神	yo23	ɕyo23	yo23	tseɵ23	zeɵ23
夹江	nye45	ɕye33	nye45	tso45	zo45
成都	nio21	ɕye21	io21	tso21	zo21

字/中古音	略	削	虐	酌	弱
北京	lyɛ51	ɕyɛ55 ɕiɑu55	nyɛ51	tʂuo35	z̩uo51

  盐亭、射洪、西充、彭山、青神、夹江等六县市方言中，宕摄入声开口三等端见系字今音读为-io/-ye/-iɵ（除端系泥组外，声母受介音-i-、-y-影响腭化。"削"字读音特殊：盐亭、射洪、夹江方言读为-ye，与成都话语音同；西充、彭山、青神方言读为-io/-yo，与南路话语音同），知系字今音读为-o/-ɵ。射洪方言受入声影响，主元音略央化，读音为-iɵ/-ɵ。成都话读作-io/-o，北京话读作-yɛ/-uo。盐亭、射洪、西充、彭山、青神、夹江等六县市方言此语音特点同成都话和南路话平行。

  （2）臻摄入声合口一三等帮知系端泥组读-o。

字/中古音	勃	忽	骨	突	卒	物	出
四川方言点	并没入	晓没入	见没入	定没入	精没入	非物入	昌术入
盐亭	pho44	xo44	ko44	tho44	tɕio44	o44	tsho44
射洪	phɵ44	xɵ44	ku44	thu44	tɕiɵ44	wu44	tshu44
西充	pho44	xo44	ko44	tho44	tɕio44	o44	tʂho44
彭山	po35	xo35	ko35	tho35	tso35	o35	tsho35
青神	phɵ23	xɵ23	kɵ23	thɵ23	tshɵ23	ɵ23	tshɵ23
夹江	po33	xu45	ku45	thu45	tsu45	u45	tshu45
成都	pho21	fu21	ku21	thu21	tɕio21	vu21	tshu21
北京	po35	xu55	ku214	thu55	tsu35	u51	tʂu55

  盐亭、射洪、西充、彭山、青神、夹江等六县市方言中，臻摄入声合口三等帮系、端系端组、知系今音读为-o/-ɵ/-u（青神方言受入声影响，主元音略央化，读为-ɵ。与南路话语音规律同。盐亭、西充、彭山方言读为-o，与南路话语音规律同。夹江方言读为-u。射洪方言受入声影响读为-ɵ/-u，处于语音演变的中间渐变状态）。成都话读为-u，北京话读为-u。此语音特点青神、盐亭、西充、彭山方言与南路话保持平行，夹江、射洪方言同成都话和北京话保持平行。

（3）臻摄入声合口三等精见组读-io。

字/中古音	橘	屈	恤	戌
四川方言点	见术入	溪物入	心术入	心术入
盐亭	tɕy44	tɕhio44	ɕy44	ɕy44
射洪	tɕy44	tɕhiɵ44	ɕye44	ɕiɵ44
西充	tɕi44	tɕhio44	ɕi44	ɕi44
彭山	tɕyɛ35	tɕhio35	ɕiɛ35	ɕy55
青神	tɕyo23	tɕhyo23	ɕiɛ23	ɕiɛ23
夹江	tɕy45	tɕhiu45	ɕye33	ɕy33
成都	tɕy21	tɕhio21 tɕhy21	ɕye21 ɕy21	ɕio21
北京	tɕy35	tɕhy55	ɕy51	ɕy55

　　盐亭、射洪、西充、彭山、青神、夹江等六县市方言中，臻摄入声合口三等精组见系字今音读为-y/-ye/-io/-iɵ/-yo（撮口呼-y韵母为主；齐齿呼-iɵ韵母受入声影响，主元音略央化。韵母"恤戌"为书面用字，盐亭、射洪、西充、彭山、青神、夹江各方言点多读为文读音或新派音。射洪、西充、彭山、青神方言点受入声影响，部分字读为齐齿呼-i/-io/-iɵ或撮口呼-yo/-yɛ韵母；与南路话语音规律同。其中射洪方言读为-y/-iɵ，西充方言读为-i/-io，彭山方言读为-yɛ/-io/-y，青神方言读为-yo/-iɛ，均同南路话语音。盐亭、夹江方言多读为撮口呼-y韵母）。成都话新派音读为-y，北京话读为-y。此语音特点射洪、西充、彭山、青神方言与南路话平行，盐亭、夹江方言同成都话和北京话平行。盐亭、射洪、西充、彭山、青神、夹江等六县市方言此语音规律处于语音演变的中间渐变状态。

　　（4）曾梗摄入声合口三等见系、通摄入声合口三等精组见系（职昔屋三烛）读-io。

字/中古音	域	疫	役	菊	育	局	欲	肃	足
四川方言点	云职入	以昔入	以昔入	见屋入	以屋入	群烛入	以烛入	心屋入	精烛入
盐亭	io44	io44	io44	tɕio44	io44	tɕio44	io44	ɕio44	tɕio44
射洪	iɵ44	iɵ44	iɵ44	tɕy44	iɵ44	tɕy44	iɵ44	ɕiɵ44	tɕiɵ44
西充	io44	io44	io44	tɕio44	io44	tɕio44	io44	ɕio44	tɕio44

字/中古音	域	疫	役	菊	育	局	欲	肃	足
彭山	io35	io35	io35	tɕhyɛ35	io35	tɕy35	io35	so35	tso35
青神	yo23	iɛ23	iɛ23	tɕhyo23	yo23	tɕy213	yo23	sθ23	tsθ23
夹江	iu45	i45	i45	tɕy45	iu45	tɕy45	y45	ɕiu45	tsu45
成都	io21	io21	io21	tɕy21	io21	tɕy21	io21	ɕio21	tɕio21
北京	y51	i51	i51	tɕy35	y51	tɕy35	y51	su51	tsu35

　　盐亭、射洪、西充、彭山、青神、夹江等六县市方言中，曾梗通摄入声合口三等精组见系字今音读为-io/-iθ/-yo（盐亭、西充方言受入声影响，读作-io；与南路话语音规律同。射洪方言受入声影响，主元音略央化，读作-iθ；与南路话语音规律同。彭山方言受入声影响，读作-io/-ʊ；处于语音演变的中间渐变状态。其中曾梗通摄入声合口三等见系字读为-io；与南路话语音规律同。通摄入声合口三等精组字读为-o。青神方言受入声影响，读作-yo/-iɛ/-θ；处于语音演变的中间渐变状态。其中曾通摄入声合口三等见系读为-yo，与南路话语音规律同。梗摄入声合口三等见系字"疫役"语音文读为-iɛ，通摄入声合口三等精组字读为-θ。夹江方言受入声影响，读作-iu/-i/-y；处于语音演变的中间渐变状态。其中梗摄入声合口三等见系读为-i，曾摄见系、通摄精组入声合口三等读为-iu，-iu应为-io/-iθ在腭音前的音位变体；通摄入声合口三等见系读为撮口呼-y韵）。成都话读为-io/-y，北京话读为-i/-y/-u。此语音特点三者互不平行。盐亭、西充、射洪方言与南路话平行；彭山、青神方言处于语音演变的中间渐变状态，同南路话和成都话部分平行；夹江方言不与其他四川方言点同，语音近于普通话，与北京话平行。

　　（5）通摄入声帮知系、端泥组读-o/-θ。

　　①通摄帮系（屋一屋三）。

字/中古音	仆	木	服	目
四川方言点	并屋一入	明屋一入	奉屋三入	明屋三入
盐亭	pho44	mo44	fo44	mo44
射洪	phθ44	mθ44	fu44	mθ44
西充	pho44	mo44	fo44	mo44
彭山	pho35	mo35	fə35	mo35
青神	phu42	mθ23	fθ23	mθ23

字/中古音	僕	木	服	目
夹江	phu45	mu45	fu45	mu45
成都	phu21	mu21	fu21	mu21
北京	phu35	mu51	fu35	mu51

　　盐亭、射洪、西充、彭山、青神、夹江等六县市方言中，通摄入声帮系今音读为-o/-ɵ/-u（盐亭、西充、彭山方言受入声影响，读为-o；与南路话语音规律同。又，彭山方言通摄入声帮系轻唇音字"服"，其圆唇元音韵母受唇齿清擦音 f-声母语音影响而读作央元音韵母-ɵ。射洪、青神方言受入声影响，主元音略央化，读为-ɵ；与南路话语音规律同。夹江方言读为-u）。成都话读为-u，北京话读为-u。此语音特点盐亭、西充、彭山、射洪、青神方言与南路话平行，夹江方言同成都话和北京话平行。

　　②通摄端见系（东冬）。

字/中古音	鹿	族	毒	哭	屋	酷
四川方言点	来屋入	从屋入	定沃入	溪屋入	影屋入	溪沃入
盐亭	lo44	tsho44	to44	kho44	o44	kho44
射洪	lu31	tshɵ44	tu44	khu44	wu44	khə44
西充	lo44	tsho44	to44	kho44	o44	kho44
彭山	lo35	tsho35	to35	kho35	o35	khu35
青神	nɵ23	tshɵ23	tɵ23	khɵ23	u213	khɛ23
夹江	nu45	tɕhy45	tu45	khu45	vu45	khu45
成都	lu21	tɕhio21 tsu21	tu21	khu21	vu21 u21	khu21
北京	lu51	tsu35	tu35	khu55	u55	khu51

　　盐亭、射洪、西充、彭山、青神、夹江等六县市方言中，通摄入声端见系字今音读为-o/-ɵ/-u（盐亭、西充、彭山方言受入声影响，读作-o；与南路话语音规律同。青神方言受入声影响，主元音略央化，读作-ɵ；与南路话语音规律同。射洪、夹江方言读作-u，"族"字受入声影响读为-ɵ/-y）。成都话读作-u，北京话读作-u。此语音特点盐亭、西充、彭山、青神方言与南路话平行，射洪、夹江方言同成都话和北京话平行。

84

③通摄泥精组知系（屋三烛）。

字/中古音	陆	绿	肃	足	竹	烛	辱
四川方言点	来屋入	来烛入	心屋入	精烛入	知屋入	章烛入	日烛入
盐亭	lo44	lo44	ɕio44	tɕio44	tso44	tso44	zu51
射洪	lu44	lu44	ɕiɵ44	tɕiɵ44	tsu44	tsu44	zu51
西充	lo44	lo44	ɕio44	tɕio44	tso44	tso44	zo44
彭山	lo35	lo35	so35	tso35	tso35	tso35	zo35
青神	nɵ23	nɵ23	sɵ23	tsɵ23	tsɵ23	tsɵ23	zɵ23
夹江	nu45	nu45	ɕiu45	tsu45	tsu45	lsu45	zu45
成都	lu21	lu21 ly21	ɕio21 su21	tɕio21 tsu21	tsu21	tsu21	zo21 zu21
北京	lu51	ly51	su51	tsu35	tʂu35	tʂu35	ʐu214

　　盐亭、射洪、西充、彭山、青神、夹江等六县市方言中，通摄入声泥精组知系字今音读为-o/-ɵ/-io/-iɵ/-u（盐亭、西充方言受入声影响，读作-o/-io；与南路话语音规律同。其中，通摄入声泥组知系读为-o，精组读为-io。射洪方言读作-u/-iɵ；处于语音演变的中间渐变状态。其中，通摄入声泥组知系读为-u；精组受入声影响，主元音略央化，读作-iɵ；与南路话语音规律同。彭山方言受入声影响，读作-o；处于语音演变的中间渐变状态。与南路话语音规律同。青神方言受入声影响，主元音略央化，读作-ɵ；处于语音演变的中间渐变状态。与南路话语音规律同。夹江方言读作-u）。除"绿"字撮口呼韵母-y外，成都话老派音读作-u/-io，成都话新派音读作-u；北京话读作-u。此语音特点盐亭、西充、彭山、青神方言与南路话平行，射洪方言与成都话老派音平行，夹江方言同成都话新派音和北京话平行。

　　7. 深臻曾梗摄入声开口三四等帮端见系（缉质迄职昔陌三锡）读-ie。如"集笔力激"等字。

字/中古音	集	急	必	七	吉
四川方言点	从缉入	见缉入	帮质入	清质入	见质入
盐亭	tɕi44	tɕi44	pi44	tɕhi44	tɕi44
射洪	tɕi44	tɕi44	pi44	tɕhi44	tɕi44
西充	tɕi44	tɕi44	pi44	tɕhi44	tɕi44

续表

字/中古音	集	急	必	七	吉
彭山	tɕiɛ35	tɕiɛ35	piɛ35	tɕhiɛ35	tɕiɛ35
青神	tɕiɛ23	tɕiɛ23	piɛ23	tɕhiɛ23	tɕiɛ23
夹江	tɕi45	tɕi45	pi45	tɕhi45	tɕi45
成都	tɕie21 tɕi21	tɕie21 tɕi21	pie21 pi21	tɕhie21 tɕhi21	tɕie21 tɕi21
北京	tɕi35	tɕi35	pi51	tɕhi55	tɕi35

字/中古音	逼	力	息	席	剧	壁	历	戚
四川方言点	帮职入	来职入	心职入	邪昔入	群陌入	帮锡入	来锡入	清锡入
盐亭	pi44	li44	ɕi44	ɕi44	tɕy324	pi44	li44	tɕhie44
射洪	pi435	li44	ɕi44	ɕi44	tɕy435	pi44	li44 lie44	tɕhi44
西充	pi35	li44	ɕi44	ɕi44	tɕy325	pi44	li44	tɕhi44
彭山	pi55	lie35	ɕiɛ35	ɕiɛ35	tɕy324	piɛ35	lie35	tɕhiɛ35
青神	piɛ23	niɛ23	ɕiɛ23	ɕiɛ23	tɕy213	piɛ23	niɛ23	tɕhiɛ23
夹江	pi45	ni45	ɕi45	ɕi45	tɕy324	pi45	ni324 ni45	tɕhi45
成都	pie21 pi21	lie21 li21	ɕie21 ɕi21	ɕie21 ɕi21	tɕy213	pie21 pi21	lie21 li21	tɕhie21 tɕhi21
北京	pi55	li51	ɕi55	ɕi35	tɕy51	pi51	li51	tɕhi51

　　盐亭、射洪、西充、彭山、青神、夹江等六县市方言中，深臻曾梗摄入声开口三四等帮端见系字今音读为-i/-iɛ（"剧"字撮口呼-y音为例外。盐亭、射洪、西充、夹江方言点读为-i。彭山、青神方言受入声影响，读为-iɛ；与南路话语音规律同）。成都话老派音读作-ie，新派读作-i。北京话读作-i。此语音特点盐亭、射洪、西充、夹江方言同成都话新派音和北京话平行，彭山、青神方言同成都话老派音和南路话语音平行。

　　8. 深臻曾梗摄入声开口三等知系知章组（缉质职昔）字读舌面央元音-ɵ/-ə或舌尖后元音-ʅ。如"十侄直石"。南路话保持了央、后元音韵，与成渝话语音读舌尖前元音-ʅ不同。

字/中古音	十	佸	质	直	食	石
四川方言点	禅缉入	澄质入	章质入	澄职入	船职入	禅昔入
盐亭	sʅ44	tsʅ44	tsʅ44	tsʅ44	sʅ44	sʅ44
射洪	sʅ44	tsʅ44	tsʅ44	tsʅ44	sʅ44	sʅ44
西充	ʂʅ44	tʂʅ44	tʂʅ44	tʂʅ44	ʂʅ44	ʂʅ44
彭山	sə35	tsə35	tsə35	tsə35	sə35	sə35
青神	sə23	tsə23	tsə23	tsə23	sə23	sə23
夹江	sʅ45	tsʅ45	tsʅ45	tsʅ45	sʅ45	sʅ45
成都	sʅ21	tsʅ21	tsʅ21	tsʅ21	sʅ21	sʅ21
北京	ʂʅ 35	tʂʅ 35	tʂʅ 51	tʂʅ 35	ʂʅ 35	ʂʅ 35

盐亭、射洪、西充、彭山、青神、夹江等六县市方言中，深瑧曾梗摄入声开口三等知系知章组字今音读为-ʅ/-ʅ/-ə（盐亭、射洪、夹江方言读作舌尖前元音-ʅ。西充方言受入声影响，读作舌尖后元音-ʅ；与南路话语音规律同。彭山、青神方言受入声影响，读作舌面央元音-ə；与南路话语音规律同）。成都话读为-ʅ，北京话读为-ʅ。此语音规律盐亭、射洪、夹江方言与成都话平行；西充方言同南路话和北京话平行，但舌尖后元音-ʅ韵母与北京话发音有语音区别，因方言点语音差别不同所致；彭山、青神方言与南路话平行。

9. 调类有五个声调（阴平、阳平、上声、去声、入声），中古入声字今独立成调读入声调，调值多为中平调。

古声类	入全浊	入次浊	入清
例字	白达舌或	腊力月物	德国约法
调类	入	入	入
盐亭	入 44	入 44	入 44
射洪	入 44	入 44	入 41
西充	入 44	入 44	入 44
彭山	入 35	入 35	入 35
青神	入 23	入 23	入 23
夹江	入 33	入 45	入 33
成都	阳平 21	阳平 21	阳平 21

注：中古入声字今读入声调，调值多介于中平调。盐亭、射洪、西充方言点为半高平调，彭山方言为高升调，青神方言为中升调，夹江方言为高升调。

第二节　盐亭等六县市方言语音分区特点

1. 唇齿清擦音 f- 和舌根清擦音 x- 部分混。如：

字/中古音	父	户	飞	灰	翻	欢
四川方言点	奉虞上	匣模去	非微平	晓灰平	敷元平	晓桓平
盐亭	fu324	fu324	fei35	xuei35	fæn35	xuæn35
射洪	fu435	fu435	fei45	fei45	fæn45	fæn45
西充	fu325	fu325	fei35	xuei35	fæn35	xuæn35
彭山	fu324	fu324	fei55	xuei55	fan55	xuan55
青神	fu213	fu213	fei44	xuei44	fan44	xuan44
夹江	fu324	xu324	fei33	xuei33	fan33	xuan33
成都	fu213	fu213	fei45	xuei45	fan45	xuan45

字/中古音	分	昏	方	黄	风	烘
四川方言点	非文平	晓魂平	非阳平	匣唐合平	非东平	晓东平
盐亭	fen35	xuən35	faŋ35	xuaŋ31	fəŋ35	xoŋ35
射洪	fen45	fen45	faŋ45	faŋ31	foŋ45	foŋ45
西充	fen35	xuən35	faŋ35	xuaŋ32	foŋ35	xoŋ35
彭山	fen55	xuən55	faŋ55	xuaŋ31	fəŋ55	xoŋ55
青神	fen44	xuən44	faŋ44	xuaŋ21	foŋ44	xoŋ44
夹江	fen33	xuən33	faŋ33	xuaŋ31	foŋ33	xoŋ33
成都	fən45	xuən45	faŋ45	xuaŋ21	foŋ45	xoŋ45

　　注：古晓组字仅在 -u 韵前读为 f-，其他韵母前读为 x-，盐亭、射洪、西充、彭山、青神、夹江等六县市方言保持语音一致。西南官话成都话语音同。

2. 舌尖前不送气清塞擦音 ʦ- 与舌尖后不送气清塞擦音 ʈʂ- 部分或全混。西南官话成都话语音全混。

（1）平舌派（ʦ- 与 ʈʂ- 全混）。如：

字/中古音	张	住	榨	产	专	成	扇	触
四川方言点	知阳平	澄遇去	庄祃去	生山上	章仙平	禅清平	书仙去	昌烛入
盐亭	tsaŋ35	tsu324	tsA324	tshæn51	tsuæn35	tshen31	sæn324	tso44
射洪	tsaŋ45	tsu435	tsA435	tshæn51	tsuæn45	tshen31	sæn435	tsu44
西充	tsaŋ35	tsu325	tsA325	tʂhæn51	tʂuæn35	tshen32	sæn325	tso44
彭山	tsaŋ55	tsu324	tsA324	tshan52	tsuan55	tshen31	san324	tso35
青神	tsaŋ44	tsu213	tsA213	tshan42	tsuan44	tshen21	san213	tsə23
夹江	tsaŋ33	tsu324	tsA33	tshan42	tsuan33	tshen31	san324	tsu45
成都	tsaŋ45	tsu213	tsA213	tshan42	tsuan45	tshən21	san213	tsu21

（2）部分翘舌。如：

字/中古音	知	持	是	十	实	直	尺
四川方言点	知支平	澄之平	禅纸上	禅缉入	船质入	澄职入	昌昔入
盐亭	tʂɿ35	tʂhɿ31	ʂɿ324	ʂɿ44	ʂɿ44	tʂɿ44	tʂhɿ44
射洪	tʂɿ45	tʂhɿ31	ʂɿ435	ʂɿ44	ʂɿ44	tʂɿ44	tʂhɿ44
西充	tʂɿ35	tʂhɿ32	ʂɿ325	ʂɿ44	ʂɿ44	tʂɿ44	tʂhɿ44
彭山	tʂɿ55	tʂhɿ31	ʂɿ324	sə35	sə35	tsə35	tshə35
青神	tʂɿ44	tʂhɿ21	ʂɿ213	sə23	sə23	tsə23	tshə23
夹江	tʂɿ33	tʂhɿ31	ʂɿ324	ʂɿ45	ʂɿ45	tʂɿ45	tʂhɿ45
成都	tʂɿ45	tʂhɿ21	ʂɿ213	ʂɿ21	ʂɿ21	tʂɿ21	tʂhɿ21

字/中古音	侄	直	石	室	食	日	实
四川方言点	澄质入	澄职入	禅昔入	书质入	船职入	日质入	船质入
盐亭	tʂɿ44	tʂɿ44	ʂɿ44	ʂɿ44	ʂɿ44	ʐɿ44	ʂɿ44
射洪	tʂɿ44	tʂɿ44	ʂɿ44	ʂɿ44	ʂɿ44	ʐɿ44	ʂɿ44
西充	tʂɿ44	tʂɿ44	ʂɿ44	ʂɿ44	ʂɿ44	ʐɿ44	ʂɿ44
彭山	tsə35	tsə35	sə35	sə35	sə35	zə35	sə35
青神	tsə23	tsə23	sə23	sə23	sə23	zə23	sə23

字/中古音	侄	直	石	室	食	日	实
夹江	tʂʅ45	tʂʅ45	ʂʅ45	ʂʅ45	ʂʅ45	zʅ45	ʂʅ45
成都	tʂʅ21	tʂʅ21	ʂʅ21	ʂʅ21	ʂʅ21	zʅ21	ʂʅ21

注：盐亭、射洪、西充、彭山、青神、夹江等六县市方言，西充方言部分翘舌。西充方言深摄、臻摄、曾摄、梗摄入声开口三等知系保留翘舌读音。

字/中古音	竹	鼠	出	船	吹	春	状	帅
四川方言点	知屋入	书语上	昌术入	船仙平	昌支平	昌谆平	崇漾去	生至去
盐亭	tso44	su51	tsho44	tshuæn31	tshuei35	tshuən35	tsuaŋ324	suai324
射洪	tsu44	su51	tshu44	tshuæn31	tshuei45	tshuən45	tsuaŋ435	suai435
西充	tʂo44	su51	tʂho44	tʂhuæn32	tʂhuei35	tʂhuən35	tʂuaŋ325	ʂuai325
彭山	tso35	su52	tsho35	tshuan31	tshuei55	tshuən55	tsuaŋ324	suai324
青神	tsɵ23	su42	tshɵ23	tshuan21	tshuei44	tshuən44	tsuaŋ213	suai213
夹江	tsu45	su42	tshu45	tshuan31	tshuei33	tshuən33	tsuaŋ324	suai324
成都	tsu21	su42	tshu21	tshuan21	tshuei45	tshuen45	tsuan213	suai213

注：西充方言山摄、宕摄舒声合口三等知系，臻摄入声合口三等知系知章组保留翘舌读音。

3. 舌尖中浊鼻音 n- 与舌尖中浊边音 l- 部分混。如：

字/中古音	南	兰	泥	离	娘
四川方言点	泥覃平	来寒平	泥齐平	来支平	泥阳平
盐亭	læn31	læn31	ȵi31	li31	ȵiaŋ31
射洪	læn31	læn31	ȵi31	li31	ȵiaŋ31
西充	læn32	læn32	ȵi32	li32	ȵiaŋ32
彭山	lan31	lan31	ȵi31	li31	ȵiaŋ31
青神	nan21	nan21	ni21	ni21	niaŋ21
夹江	nan31	nan31	ni31	ni31	niaŋ31
成都	nan21	nan21	ȵi21	ni21	ȵiaŋ21

字/中古音	良	农	笼	女	旅
四川方言点	来阳平	泥冬平	来东平	泥鱼上	来鱼上
盐亭	liɐŋ31	loŋ31	loŋ31	ȵy51	lu51 ly51
射洪	liɐŋ31	loŋ31	loŋ31	ly51	ly51
西充	liɐŋ32	loŋ32	loŋ32	ly51	ly51
彭山	liaŋ31	loŋ31	loŋ31	ȵy52	ȵy52
青神	niaŋ21	noŋ21	noŋ21	ny21	ny42
夹江	niaŋ31	noŋ31	noŋ31	ny42	ny42
成都	niaŋ21	noŋ21	noŋ21	ȵy42	ny42

注：古泥来母的发音一二等字相混，三四等字区分。盐亭、射洪、西充、彭山方言泥（娘）母一二等字读作舌尖中浊边音l-，三四等字读作舌面前浊鼻音ȵ-。青神、夹江方言泥来母一二三四等字完全相混不予区分，均读作舌尖中浊鼻音n-。西南官话成都话语音同。

4. 蟹山臻摄舒声合口一三等端系端泥精组字失去-u-介音，读开口。西南官话成都话语音同臻摄字。

（1）端组字：蟹山臻合口一等舒声。

字/中古音	堆	对	端	短	盾	顿
四川方言点	端灰平	端队去	端桓平	端缓上	定混上	端恩去
盐亭	tuei35	tuei324	tuæn35	tuæn51	ten324	ten324
射洪	tuei45	tuei435	tuæn45	tuæn51	ten435	ten435
西充	tuei35	tuei325	tuæn35	tuæn51	ten325	ten325
彭山	tei55	tei324	tan55	tan52	ten324	ten324
青神	tuei44	tuei213	tuan44	tuan42	ten213	ten213
夹江	tuei33	tuei324	tuan33	tuan42	tcn324	ten324
成都	tuei45	tuei213	tuan45	tuan42	tən213	tən213

注：盐亭、射洪、西充、青神、夹江方言蟹山摄舒声合口一等端系端组字保留-u-介音，读合口；而臻摄丢失-u-介音，读开口。彭山方言蟹山臻摄舒声合口一等端组字失去-u-介音，读开口。

（2）泥组字：止蟹山臻摄合口一三等舒声。

字/中古音	累	泪	内	乱	恋	嫩	轮
四川方言点	来支上	来脂去	泥队去	来换去	来线去	泥慁去	来谆平
盐亭	luei51	luei324	luei324	luæn324	liɛn324	len324	len31
射洪	luei51	luei435	luei435	luæn435	liɛn435	len435	len31
西充	luei51	luei325	luei325	luæn325	liɛn325	len325	luən32
彭山	lei324	lei324	lei324	lan324	liɛn324	len324	len31
青神	nuei213	nuei213	nuei213	nuan213	niɛn213	nen213	nen21
夹江	nuei42	nuei324	nuei324	nuan324	niẽ324	nen324	nen31
成都	nuei42	nuei213	nuei213	nuan213	niɛn213	nən213	nən21

注：盐亭、射洪、西充、青神、夹江方言止蟹山摄舒声合口一三等端系泥组字保留-u-介音，读合口；而臻摄丢失-u-介音，读开口。彭山方言止蟹山臻摄舒声合口一三等字失去-u-介音。

（3）精组字：臻摄合口一三等舒声。

字/中古音	村	损	寸	逊	遵	笋	旬
四川方言点	清魂平	心混上	清慁去	心慁去	精谆平	心準上	邪谆平
盐亭	tshen35	sen51	tshen324	ɕyn324	tsen35	sen51	ɕyn31
射洪	tshen45	sen51	tshen435	ɕyin435	tsen45	sen51	ɕyin31
西充	tshen35	sen51	tshen325	ɕyn325	tsen35	sen51	ɕyn32
彭山	tshen55	suən52	tshen324	ɕyn324	tsen55	sen52	ɕyn31
青神	tshen44	sen42	tshen213	ɕyn213	tsen44	sen42	ɕyn213
夹江	tshuən33	suən42	tshuən324	ɕyin324	tsuən33	sen42	ɕyin324
成都	tshən45	sən42	tshən213	ɕyn213	tsən45	sən42	ɕyn21

注：射洪、夹江方言臻摄舒声合口精组字"逊旬"今音腭化，读撮口呼-yin。

5. 歌戈韵舒声字分为两韵-o/-u 与-ə。见系字与其他声母同韵。咸山宕摄入声开口一等见系（合盍曷铎）同，详见下文第 10 条。

字/中古音	哥	饿	河	果	课	火	窝
四川方言点	见歌平	疑歌去	匣歌平	见戈上	溪戈去	晓戈上	影戈平
盐亭	kə35	o324	xo31	ko51	khə324	xo51	o35

字/中古音	哥	饿	河	果	课	火	窝
射洪	ko45	o435	xo31	ko51	khə435	xo51	o45
西充	kə35	o325	xo32	ko51	kho325	xo51	o35
彭山	kə55	u324	xu31	ku52	khə324	xu52	u55
青神	ko44	u213	xu21	ko42	kho213	xu42	u44
夹江	kə33	o324	xo31	ko42	khə324	xo42	o33
成都	ko45	o213	xo21	ko42	kho213	xo42	o45

注：盐亭、西充、彭山、夹江方言果摄一等见系字"哥课"读为央元音-ə，与其他声母不同韵。西南官话成都话部分语音同。

6. 调类有入声韵，古入声的尾-p，t，k，-ʔ消失。西南官话成都话语音古入声今并入舒声阳平调，调值为低降调21。

7. 麻三精组见系字读-i，同止摄、蟹摄舒声开口四等读音。

字/中古音	姐	且	写	谢	爷	也	些
四川方言点	精麻上	清麻上	心麻上	邪麻去	以麻平	以麻上	心麻平
盐亭	tɕie51	tɕhi51	ɕi51	ɕie324	i31	i51	ɕi35
射洪	tɕie51	tɕhie51	ɕie51	ɕie435	jie31	jie51	ɕi45
西充	tɕi51	tɕhi51	ɕi51	ɕi325	i32	i51	ɕi35
彭山	tɕi52	tɕhi52	ɕi52	ɕi324	i31	i52	ɕi55
青神	tɕi42	tɕhi42	ɕiɛ42	ɕi213	i21	i42	ɕiɛ44
夹江	tɕie42	tɕie42	ɕi42	ɕie324	i31	i42	ɕi33
成都	tɕie42	tɕhie42	ɕie42	ɕie213	ie21	ie42	ɕi45

注：盐亭、夹江方言假摄开口三等精组字读作-ie，见系字读-i。射洪方言假摄开口三等精组见系字读作-ie。西充、彭山、青神方言假摄开口三等精组见系字读-i。西南官话成都话语音与北京话同。

8. 假摄开口三等知系章组字"者蔗"读-ai，同蟹摄开口二等字。

字/中古音	者	蔗	车	蛇	社
四川方言点	章麻上	章麻去	昌麻平	船麻平	禅麻上
盐亭	tse51	tse44	tshei35	sei31	sei324
射洪	tse51	tse44	tshe45	se31	se435

字/中古音	者	蔗	车	蛇	社
西充	tse51	tsen44	tshe35	se32	se325
彭山	tsai52	tsai324	tshei55	sei31	sei324
青神	tsei42	tsai213	tshei44	sei21	sei213
夹江	tse42	tsai45	tshe33	se31	se324
成都	tse42	tse21	tshe45	se21	se213

注：盐亭、射洪方言假摄开口三等知系章组字"者蔗"读为-e，与其他方言点不同韵。西充方言"蔗"读音-tsen44，受舌根鼻韵尾语音同化影响。西南官话成都话语音与北京话同。

9. 模韵帮系端组字（新派音）读-u。如：

字/中古音	普	步	土	图	墓	奴	卢
四川方言点	滂模上	并模去	端模上	定模平	明模去	泥模平	来模平
盐亭	phu51	pu324	thu51	thu31	mo324	lu31	lu31
射洪	phu51	pu435	thu51	thu31	mo435	lu31	lu31
西充	phu51	pu325	thu51	thu32	mu325	lu32	lu32
彭山	phu52	pu324	thu52	thu31	mu324	lu31	lu31
青神	phu42	pu213	thu42	thu21	mu213	nu21	nu21
夹江	phu42	pu324	thu42	thu31	mu324	nu31	nu31
成都	phu42	pu213	thu42	thu21	mo213	nu21	nu21

注：南路话老派音果摄一等字多数读-u，遇摄一等字老派读-o。南路话的果摄一等字的主元音进一步后高化了，抢先占住了8号元音-u的位置，使得遇摄一等字的主元音还滞留在中古的-o韵原位置不得高化，臻、通摄入声字也同样滞留在-o韵位置。这是一个音系内部元音之间的变动形成的语音格局。西南官话成都话语音与北京话同。

10. 咸山宕摄入声开口一等见系（合盍曷铎）读-ə/-o/-ɛ。与果摄歌韵同。如：

字/中古音	鸽	磕	割	各	托
四川方言点	见合入	溪盍入	见曷入	见铎入	透铎入
盐亭	kə44	khə44	kə44	kə44	thə44
射洪	kə44	khə44	kə44	kə44	thə44

字/中古音	鸽	磕	割	各	托
西充	ko44	kho44	ko44	ko44	tho44
彭山	kə35	khə35	kə35	kə35	tho35
青神	kiɛ23	khɛ23	kɛ23	kɛ23	theə23
夹江	kə45	khə45	kə45	kə45	tho45
成都	ko21	kho21	ko21	ko21	tho21

注：盐亭、射洪、西充、彭山、青神、夹江等六县市方言中，各方言点咸山摄入声开口一等见系字与其他声母不同韵；见系读-ə/-o/-ɛ，其他声母读ʌ/-æ。宕摄入声开口一等见系与其他声母同韵，均读-ə/-o。西南官话成都话语音同。

11. 咸山摄入声一二三等字帮端知系读ʌ/-æ/-ɐ/-ai，与曾摄入声开口一等和梗摄入声开口二等读-e/-ai/-æ同。西南官话成都话语音与北京话同。

（1）咸山二等开口帮知系（洽狎黠鎋）、三等非组（乏月）。

字/中古音	插	八	杀	铡	法	發
四川方言点	初洽入	帮黠入	生黠入	崇鎋入	非乏入	非月入
盐亭	tshʌ 35	pʌ 44	sʌ 44	tsʌ 44	fʌ 44	fʌ 44
射洪	tshʌ 44	pʌ 44	sʌ 44	tsʌ 44	fʌ 44	fʌ 44
西充	tʂhæ44	pʌ 44	sæ44	tsæ44	fʌ 44	fʌ 44
彭山	tshʌ 35	pʌ 35	sʌ 35	tsʌ 35	fʌ 35	fʌ 35
青神	tshæ23	pæ23	sæ23	tsæ23	fæ23	fæ23
夹江	tshʌ 45	pʌ 33	sʌ 45	tsʌ 45	fʌ 33	fʌ 33
成都	tshʌ 21	pʌ 21	sʌ 21	tsʌ 21	fʌ 21	fʌ 21

注：盐亭、射洪、彭山、夹江方言点语音一致，读为ʌ；青神方言读为-æ；西充方言受南路话语音影响，出现与其他方言点语音合流情况，读为-æ/ʌ。

（2）咸山一等开口端系（合盍曷）。

字/中古音	答	纳	杂	塔	腊	达	辣	擦
四川方言点	端合入	泥合入	从合入	透盍入	来盍入	定曷入	来曷入	清曷入
盐亭	tʌ 44	lʌ 44	tsʌ 44	thʌ 44	lʌ 44	tʌ 44	lʌ 44	tshʌ 44
射洪	tʌ 44	lʌ 44	tsʌ 44	thʌ 44	lʌ 44	tʌ 44	lʌ 44	tshʌ 44
西充	tʌ 44	lʌ 44	tsʌ 44	thʌ 44	læ44	tʌ 44	lʌ 44	tshʌ 44

字/中古音	答	纳	杂	塔	腊	达	辣	擦
彭山	tA 35	lA 35	tsA 35	thA 35	lA 35	tA 35	lA 35	tshA 35
青神	tæ23	næ23	tsæ23	thæ23	næ23	tæ23	næ213	tshæ23
夹江	tA 45	nA 45	tsA 45	thA 33	nA 45	tA 45	nA 45	tshA 45
成都	tA 21	lA 21	tsA 21	tA 21	lA 21	tA 21	lA 21	tshA 21

注：盐亭、射洪、西充、彭山、夹江方言点语音一致，读为A；青神方言读为-æ。

（3）咸山三等开口知系（葉薛）。

字/中古音	涉	撒	舌	热
四川方言点	禅葉入	彻薛入	船薛入	日薛入
盐亭	se44	tshe44	se44	ze44
射洪	se44	tshe44	se44	ze44
西充	sæ44	tshe44	se44	ze44
彭山	sai35	tshai35	sai35	zai35
青神	sæ23	tshæ23	sæ23	zæ23
夹江	sai45	tshai45	sai45	zai45
成都	se21	tshe21	se21	ze21

注：盐亭、射洪方言点语音一致，读为-e；西充方言受南路话语音影响，出现与其他方言点语音合流情况，读为-æ/-e；彭山、夹江方言点语音一致，读为-ai；青神方言读为-æ。

（4）曾一梗二开合口帮端知见系（德，陌二麦）。

字/中古音	北	得	黑	国	百	泽	赫	麦	获
四川方言点	帮德入	端德入	晓德入	见德入	帮陌入	澄陌入	晓陌入	明麦入	匣麦入
盐亭	pe44	te44	xe44	kue44	pe44	tshe44	xe44	me44	xue44
射洪	pe44	te44	xe44	kue44	pe44	tshe44	xe44	me44	xue44
西充	pe44	te44	xe44	kue44	pe44	tshe44	xe44	me44	xuæ44
彭山	pai35	tai35	xai35	kuai35	pai35	tshai35	xai35	mai35	xo35
青神	pæ23	tæ23	xæ23	kɵ23	pæ23	tshæ23	xæ23	mæ23	xɛ23
夹江	pai45	tai33	xai33	ko45	pai33	tshai45	xai33	mai45	xə45
成都	pe21	te21	xe21	kue21	pe21	tshe21	xe21	me21	xue21

注：盐亭、射洪、西充方言点语音一致，读为-e；彭山、夹江方言点语音一致，读为-ai；青神方言读为-æ。

12. 山宕摄入声合口三四等精组见系字读-ye/-io/-yo。西南官话成都话语音与北京话同。

（1）山摄入声合口三四等精见系（薛月屑）。

字/中古音	絶	月	缺	血
四川方言点	从薛入	疑月入	溪屑入	晓屑入
盐亭	tɕye44	ye44	tɕhye44	ɕye44
射洪	tɕye44	ye44	tɕhye44	ɕye44
西充	tɕye44	io44 ye44	tɕhye44	ɕye44
彭山	tɕio35	io35	tɕhio35	ɕiɛ35
青神	tɕyo23	yo23	tɕhyo23	ɕiɛ23
夹江	tɕye45	ye45	tɕhye45	ɕi45
成都	tɕye21	ye21	tɕhye21	ɕye21

注：盐亭、射洪、西充、夹江方言点语音一致，读为-ye；彭山方言读为-io；青神方言读为-yo。

（2）宕摄入声开口三等精组见系（药）。

字/中古音	略	削	虐	酌	弱
四川方言点	来药入	心药入	疑药入	章药入	日药入
盐亭	lio44	ɕye44	io44	tso44	zo44
射洪	liɵ44	ɕye44	iɵ44	tsɵ44	zɵ44
西充	lio44	ɕio44	io44	tso44	zo44
彭山	lio35	ɕio35	io35	tso35	zo35
青神	yo23	ɕyo23	yo23	tsɵ23	zɵ23
夹江	nye45	ɕye33	nyɛ45	tsɵ45	zo45
成都	nio21	ɕye21	io21	tso21	zo21

注：盐亭、射洪方言点受南路话语音影响，出现与其他方言点语音合流情况，读为-ye/-io/-iɵ；西充、彭山、青神方言点保持南路话语音，读为-io/-yo；夹江方言读为-ye。

13. 臻摄入声合口一三等帮知系端泥组读-o/-ɵ/-u。

字/中古音	勃	忽	骨	突	卒	物	出
四川方言点	并没入	晓没入	见没入	定没入	精没入	非物入	昌术入
盐亭	pho44	xo44	ko44	tho44	tɕio44	o44	tsho44
射洪	phɵ44	xɵ44	ku44	thu44	tɕiɵ44	wu44	tshu44
西充	pho44	xo44	ko44	tho44	tɕio44	o44	tʂho44
彭山	po35	xo35	ko35	tho35	tso35	o35	tsho35
青神	phɵ23	xɵ23	kɵ23	thɵ23	tshɵ23	ɵ23	tshɵ23
夹江	po33	xu45	ku45	thu45	tsu45	u45	tshu45
成都	pho21	fu21	ku21	thu21	tɕio21	vu21	tshu21

注：盐亭、西充、彭山方言点语音一致，读为-o；射洪方言受南路话语音影响，出现与其他方言点语音合流情况，读为-ɵ/-u；青神方言读为-ɵ；夹江方言读为-o/-u。语音读如-o，同南路话遇摄模韵老派音、通摄入声合口一三等（山摄入声合口一三等、宕江摄入声开口一二等也读-o）。西南官话成都话语音与北京话同。

14. 臻摄入声合口三等精组见组读-io。

字/中古音	橘	屈	恤	戌
四川方言点	见术入	溪物入	心术入	心术入
盐亭	tɕy44	tɕhio44	ɕy44	ɕy44
射洪	tɕy44	tɕhiɵ44	ɕyɵ44	ɕio44
西充	tɕi44	tɕhio44	ɕi44	ɕi44
彭山	tɕyɛ35	tɕhio35	ɕiɛ35	ɕy55
青神	tɕyo23	tɕhyo23	ɕiɛ23	ɕiɛ23
夹江	tɕy45	tɕhiu45	ɕyɵ33	ɕy33
成都	tɕy21	tɕhio21 tɕhy21	ɕyɵ21 ɕy21	ɕio21 ɕy21

注：盐亭、射洪、西充、夹江方言点受南路话语音影响，出现与其他方言点语音合流情况，读为-y/-io/-iɵ；彭山、青神方言点保持南路话语音，读为-io/-yo/-iɛ。西南官话成都话语音老派音读齐齿呼-io，新派音读撮口呼-y。

15. 深臻曾梗摄入声开口三四等帮端见系（缉质迄职昔陌三锡）读-i/-iɛ，与咸山摄入声开口三四等帮端见系（葉业帖薛月屑）相同。西南官话成都话语音老派音读齐齿呼-ie，新派音读齐齿呼-i。

（1）深臻曾梗三四等开口帮端见系（缉质迄职昔陌三锡）。

字/中古音	集	急	必	七	吉
四川方言点	从缉入	见缉入	帮质入	清质入	见质入
盐亭	tɕi44	tɕi44	pi44	tɕhi44	tɕi44
射洪	tɕi44	tɕi44	pi44	tɕhi44	tɕi44
西充	tɕi44	tɕi44	pi44	tɕhi44	tɕi44
彭山	tɕiɛ35	tɕiɛ35	piɛ35	tɕhiɛ35	tɕiɛ35
青神	tɕiɛ23	tɕiɛ23	piɛ23	tɕhiɛ23	tɕiɛ23
夹江	tɕi45	tɕi45	pi45	tɕhi45	tɕi45
成都	tɕie21 tɕi21	tɕie21 tɕi21	pie21 pi21	tɕhie21 tɕhi21	tɕie21 tɕi21

字/中古音	逼	力	息	席	剧	壁	历	戚
四川方言点	帮职入	来职入	心职入	邪昔入	群陌入	帮锡入	来锡入	清锡入
盐亭	pi44	li44	ɕi44	ɕi44	tɕy324	pi44	li44	tɕhiɛ44
射洪	pi435	li44	ɕi44	ɕi44	tɕy435	pi44	li44 lie44	tɕhi44
西充	pi35	li44	ɕi44	ɕi44	tɕy325	pi44	li44	tɕhi44
彭山	pi55	liɛ35	ɕiɛ35	ɕiɛ35	tɕy324	piɛ35	liɛ35	tɕhiɛ35
青神	piɛ23	niɛ23	ɕiɛ23	ɕiɛ23	tɕy213	piɛ23	niɛ23	tɕhiɛ23
夹江	pi45	ni45	ɕi45	ɕi45	tɕy324	pi45	ni324 ni45	tɕhi45
成都	pie21 pi21	lie21 li21	ɕie21 ɕi21	ɕie21 ɕi21	tɕy213	pie21 pi21	lie21 li21	tɕhie21 tɕhi21

注：盐亭、射洪、西充、夹江方言点语音一致，均读为-i；彭山、青神方言点语音一致，均读为-iɛ。

（2）咸山三四等开口帮端见系（葉業帖薛月屑）。

字/中古音	接	灭	列	揭	切
四川方言点	精葉入	明薛入	来薛入	见月入	清屑入
盐亭	tɕie44	mi44	li44	tɕi44 tɕie44	tɕhie44
射洪	tɕie44	mie44	lie44	tɕhie44	tɕhie44

字/中古音	接	灭	列	揭	切
西充	tɕi44	mi44	li44	tɕi44	tɕhi44
彭山	tɕiɛ35	miɛ35	liɛ35	tɕiɛ35	tɕhiɛn35
青神	tɕiɛ23	miɛ23	niɛ23	tɕiɛ23	tɕhiɛ23
夹江	tɕi33	mie45	nie45	tɕi45 tɕie45	tɕhi45
成都	tɕie21	mie21	nie21	tɕie21	tɕhie21

注：盐亭、夹江方言点受南路话语音影响，出现与其他方言点语音合流情况，读为-i/-ie；射洪方言读为-ie；西充方言读为-i；彭山、青神方言点语音一致，均读为-iɛ。

16. 深臻曾梗摄入声开口二三等知系庄组（缉栉职麦）读-e/-æ/-ai，这组字与咸山曾梗摄入声开口一二三等帮端知见系字同韵。西南官话成都话语音与北京话读音是-e/-ɤ，与深臻曾梗摄入声三四等字同韵。西南官话成都话语音与北京话同。

字/中古音	涩	瑟	测	色	策
四川方言点	生缉入	生栉入	初职入	生职入	初麦入
盐亭	se44	se44	tshe44	se44	tshe44
射洪	se44	se44	tshe44	se44	tshe44
西充	sæ44	sæ44	tshe44	se44	tshe44
彭山	sai35	sai35	tshai35	sai35	tshai35
青神	sə23	sə23	tshæ23	sæ23	tshæ23
夹江	sai45	sai45	tshai45	sai45	tshai45
成都	se21	se21	tshe21	se21	tshe21

（1）假摄三等开口知系（麻三）。

字/中古音	者	蔗	车	蛇	社
四川方言点	章麻上	章麻去	昌麻平	船麻平	禅麻上
盐亭	tse51	tse44	tshei35	sei31	sei324
射洪	tse51	tse44	tshe45	se31	se435
西充	tse51	tsen44	tshe35	se32	se325
彭山	tsai52	tsai324	tshei55	sei31	sei324

字/中古音	者	蔗	车	蛇	社
青神	tsei42	tsai213	tshei44	sei21	sei213
夹江	tse42	tsai45	tshe33	se31	se324
成都	tse42	tse21	tshe45	se21	se213

（2）咸山三等开口知系（葉薛）。

字/中古音	涉	撤	舌	热
四川方言点	禅葉入	彻薛入	船薛入	日薛入
盐亭	se44	tshe44	se44	ze44
射洪	se44	tshe44	se44	ze44
西充	sæ44	tshe44	se44	ze44
彭山	sai35	tshai35	sai35	zai35
青神	sæ23	tshæ23	sæ23	zæ23
夹江	sai45	tshai45	sai45	zai45
成都	se21	tshe21	se21	ze21

（3）曾一梗二开合口帮端知见系（德，陌二麦）。

字/中古音	北	得	黑	国	百	泽	赫	麦	获
四川方言点	帮德入	端德入	晓德入	见德入	帮陌入	澄陌入	晓陌入	明麦入	匣麦入
盐亭	pe44	te44	xe44	kue44	pe44	tshe44	xe44	me44	xue44
射洪	pe44	te44	xe44	kue44	pe44	tshe44	xe44	me44	xue44
西充	pe44	te44	xe44	kue44	pe44	tshe44	xe44	me44	xuæ44
彭山	pai35	tai35	xai35	kuai35	pai35	tshai35	xai35	mai35	xo35
青神	pæ23	tæ23	xæ23	kɵ23	pæ23	tshæ23	xæ23	mæ23	xɛ23
夹江	pai45	tai33	xai33	ko45	pai33	tshai45	xai33	mai45	xə45
成都	pe21	te21	xe21	kue21	pe21	tshe21	xe21	me21	xue21

　　注：盐亭、射洪方言点语音一致，读为-e；西充方言点受南路话语音影响，出现与其他方言点语音合流情况，读为-æ/-e；彭山、夹江方言点语音一致，读为-ai；青神方言点受南路话语音影响，出现与其他方言点语音合流情况，读为-ə/-æ。

　　17. 深臻曾梗入声开口三等知系知章组（缉质职昔）字读舌尖后元音或舌面央元音-ʅ/-ə。央元音韵可能是舌尖后声母的痕迹。

字/中古音	十	侄	质	直	食	石
四川方言点	禅缉入	澄质入	章质入	澄职入	船职入	禅昔入
盐亭	ʂʅ44	tʂʅ44	tʂʅ44	tʂʅ44	ʂʅ44	ʂʅ44
射洪	ʂʅ44	tʂʅ44	tʂʅ44	tʂʅ44	ʂʅ44	ʂʅ44
西充	ʂʅ44	tʂʅ44	tʂʅ44	tʂʅ44	ʂʅ44	ʂʅ44
彭山	sə35	tsə35	tsə35	tsə35	sə35	sə35
青神	sə23	tsə23	tsə23	tsə23	sə23	sə23
夹江	sʅ45	tsʅ45	tsʅ45	tsʅ45	sʅ45	sʅ45
成都	sʅ21	tsʅ21	tsʅ21	tsʅ21	sʅ21	sʅ21

注：盐亭、射洪、夹江方言语音一致，读为舌尖前元音-ʅ；西充方言读为舌尖后元音-ʅ；彭山、青神方言受南路话语音影响，出现与其他方言点语音合流情况，语音一致读为舌面央元音-ə。西南官话成都话语音读为舌尖前元音-ʅ。西南官话成都话语音与北京话同。

18. 曾梗通摄入声合口三等精组、见系（职昔、屋三烛）读-io/-iθ。

字/中古音	域	疫	役	菊	育	局	欲	肃	足
四川方言点	云职入	以昔入	以昔入	见屋入	以屋入	群烛入	以烛入	心屋入	精烛入
盐亭	io44	io44	io44	tɕio44	io44	tɕio44	io44	ɕio44	tɕio44
射洪	iθ44	iθ44	iθ44	tɕy44	iθ44	tɕy44	iθ44	ɕiθ44	tɕiθ44
西充	io44	io44	io44	tɕio44	io44	tɕio44	io44	ɕio44	tɕio44
彭山	io35	io35	io35	tɕhyɛ35	io35	tɕy35	io35	so35	tso35
青神	yo23	iɛ23	iɛ23	tɕhyo23	yo23	tɕy213	yo23	sə23	tsə23
夹江	iu45	i45	i45	tɕy45	iu45	tɕy45	y45	ɕiu45	tsu45
成都	io21	io21	io21	tɕy21	io21	tɕy21	io21	ɕio21	tɕio21

注：盐亭、西充方言点受南路话语音影响语音一致，读为-io。射洪方言受南路话语音影响，出现与其他方言点语音合流情况，读为-iθ。彭山方言端系精组读为-o，见系读为-io。青神方言端系精组读为-θ，见系读为-yo/-iɛ。受南路话语音影响的过渡阶段。夹江方言端系精组读为-iu/-u，见系读为-iu/-i/-y。受共同语普通话的语音影响。西南官话成都话语音读为齐齿呼-io。

19. 通摄入声帮知系、端系端泥组读-o/-ɵ/-u。西南官话成都话语音与北京话同。

（1）通摄帮系（屋—屋三）。

字/中古音	僕	木	服	目
四川方言点	并屋一入	明屋一入	奉屋三入	明屋三入
盐亭	pho44	mo44	fo44	mo44
射洪	pho44	mɵ44	fu44	mɵ44
西充	pho44	mo44	fo44	mo44
彭山	pho35	mo35	fə35	mo35
青神	phu42	mɵ23	fɵ23	mɵ23
夹江	phu45	mu45	fu45	mu45
成都	phu21	mu21	fu21	mu21

注：盐亭、西充、彭山方言点语音一致，读为-o。射洪、青神方言点语音一致，读为-ɵ。夹江方言点读为-u。

（2）通摄端见系（东冬）。

字/中古音	鹿	族	毒	哭	屋	酷
四川方言点	来屋入	从屋入	定沃入	溪屋入	影屋入	溪沃入
盐亭	lo44	tsho44	to44	kho44	o44	kho44
射洪	lu31	tshɵ44	tu44	khu44	wu44	khə44
西充	lo44	tsho44	to44	kho44	o44	kho44
彭山	lo35	tsho35	to35	kho35	o35	khu35
青神	nɵ23	tshɵ23	tɵ23	khɵ23	u213	khɛ23
夹江	nu45	tɕhy45	tu45	khu45	vu45	khu45
成都	lu21	tɕhio21 tsu21	tu21	khu21	vu21 u21	khu21

注：盐亭、西充、彭山方言点语音一致，读为-o。射洪、夹江方言点语音一致，读为-u。青神方言点读为-ɵ。

（3）通摄泥精组知系（屋三烛）。

字/中古音	陆	绿	肃	足	竹	烛	辱
四川方言点	来屋入	来烛入	心屋入	精烛入	知屋入	章烛入	日烛入
盐亭	lo44	lo44	çio44	tçio44	tso44	tso44	zu51
射洪	lu44	lu44	çiө44	tçiө44	tsu44	tsu44	zu51
西充	lo44	lo44	çio44	tçio44	tso44	tso44	zo44
彭山	lo35	lo35	so35	tso35	tso35	tso35	zo35
青神	nө23	nө23	sө23	tsө23	tsө23	tsө23	zө23
夹江	nu45	nu45	çiu45	tsu45	tsu45	tsu45	zu45
成都	lu21	lu21 ly21	çio21 su21	tçio21 tsu21	tsu21	tsu21	zo21 zu21

注：盐亭、西充、彭山方言点语音一致，读为-o。射洪、夹江方言点语音一致，读为-u。青神方言点读为-ө。

20．调类有入声调，调值多为中平调。

古声类	入全浊	入次浊	入清
例字	白达舌或	腊力月物	德国约法
调类	入	入	入
盐亭	入 44	入 44	入 44
射洪	入 44	入 44	入 44
西充	入 44	入 44	入 44
彭山	入 35	入 35	入 35
青神	入 23	入 23	入 23
夹江	入 33	入 45	入 33
成都	阳平 21	阳平 21	阳平 21

注：中古入声字今读入声调，调值多介于中平调。盐亭、射洪、西充方言点为半高平调，彭山方言为高升调，青神方言为中升调，夹江方言为高升调。

结 语

盐亭、射洪、西充、彭山、青神、夹江等六县市方言语音系统主要有以下音系特征。

1. 声母

（1）古帮系非组和见系晓组今读音分混，唇齿清擦音 f-与舌根清擦音x-部分相混，古见系晓组晓匣母合口模韵字今音读作唇齿清擦音 f-。如：虎户胡護 fu。

（2）舌尖前不送气清塞擦音 ts-与舌尖后不送气清塞擦音 tʂ-全混。盐亭、射洪、彭山、青神、夹江方言全混；西充部分相混，深臻曾梗摄入声开口三等知系知章组字保留翘舌读音。

（3）古端系泥组泥（娘）母一二等字今音读作舌尖中浊边音 l-，三四等字今音读作舌面前浊鼻音 ȵ-。青神、夹江方言点泥来母字今音均读为舌尖中浊鼻音 n-。占泥米母声母 n-与 l-部分相混。

（4）古见系疑母三四等开口部分字读为舌面前浊鼻音 ȵ-或舌尖中浊鼻音 n-。盐亭、射洪、西充、彭山方言点读为 ȵ-，青神、夹江方言点读为 n-。

（5）古见系影疑母开口一二等字今音主要读舌根浊鼻音 ŋ-声母；古影疑母开口三四等字-i 或-in 韵读为零声母；古影疑母合口一二等字-u 韵读为唇齿浊擦音 v-声母。

盐亭、射洪、西充、彭山、青神、夹江等六县市方言声母系统语音特征主要有此五个方面，相互之间几乎没有差别。与成都话、南路话基本保持平行，同北京话存在一定的语音区别。

2. 韵母

（1）臻摄舒声合口一三等端系端泥精组字失去-u-介音，今音读开口。夹江方言点合口精组字保留-u-介音，多数字今音读合口。

（2）蟹山摄舒声合口一等端系端组字保留-u-介音，今音读合口。彭山方言点合口端组字失去-u-介音，今音读开口。

（3）止蟹山摄舒声合口一三等端系泥组字今音读合口。彭山方言点合口泥组字今音读开口。

（4）假摄麻三精组见系字今音读-i/-ie。盐亭、西充、彭山、青神、夹江方言点今音读为-i，射洪方言点今音读为-ie。

（5）"者蔗"读音-ai，同蟹摄开口二等字。山曾梗假摄入声开口一二三等字语音遗留。盐亭、射洪、西充方言点今音读为-e，彭山、青神、夹江方言点今音读为-ai。

（6）果摄歌戈韵见系字与其他声母不同韵。主元音为-u/-o。盐亭、射洪、西充、夹江方言点今音读为-o，彭山、青神方言点今音读为-u。

（7）遇摄模韵帮系端组字（老派）读音-o。盐亭、射洪、西充、彭山、青神、夹江各方言点今音读为-u。

（8）咸山宕摄入声开口一等见系不同韵-o/-ɤ，山摄入声合口一等帮端系读音-o。前者盐亭、射洪、彭山、夹江方言点今音读为-ə，青神方言今音读为-ɛ，西充方言今音读为-o。后者盐亭、西充、彭山、夹江方言点今音读为-o，射洪、青神方言点今音读为-ɵ。

（9）臻摄入声合口一三等帮知系端泥组字读音-o/-u。盐亭、西充、彭山方言点今音读为-o，射洪方言今音读为-ɵ/-u，青神方言今音读为-ɵ，夹江方言今音读为-u。

（10）通摄入声帮知系、端泥组读-o/-u。盐亭、西充、彭山方言点今音读为-o，射洪方言点今音读为-ɵ/-u，青神方言今音读为-ɵ，夹江方言今音读为-u。

（11）咸山摄入声开口一二三等帮端系、知系字读音-æ。前者盐亭、射洪、彭山、夹江方言点今音读为-ʌ，西充方言今音读为-æ/-ʌ，青神方言点今音读为-æ。后者盐亭、射洪方言点今音读为-e，西充、青神方言点今音读为-æ，彭山、夹江方言点今音读为-ai。

（12）曾摄入声开口一等、梗摄入声开口二等帮端知系字读-æ/-e/-ai。与第11项语音同。盐亭、射洪、西充方言点今音读为-e，彭山、夹江方言点今音读为-ai，青神方言今音读为-æ。假摄三等开口知系（麻三）、咸山摄三等开口知系（葉薛）、深臻曾梗二三等开口庄组（缉栉职麦）等同主元音-e/-ai/-æ。

（13）深臻曾梗摄入声开口二三等知系庄组（缉栉职麦）读音-æ/-e/-ai。与第12项语音同。盐亭、射洪方言点今音读作-e，西充方言今音读作-æ/-e，彭山、夹江方言点今音读作-ai，青神方言今音读作-ə/-æ。

（14）山摄入声合口三四等、宕江摄入声开口二三等精组见系字读音-io/-ye。前者盐亭、射洪、西充、夹江方言点今音读为-ye，彭山方言今音读为-io，青神方言今音读为-yo。后者江开二盐亭、西充、彭山方言点今音读为-io，射洪方言今音读为-iɵ，青神方言今音读为-yo，夹江方言今音读为-ye/-io。宕开三盐亭方言今音读为-ye/-io，射洪方言今音读为-ye/-iɵ，西充、彭山方言点今音读为-io，青神方言今音读为-yo，夹江方言今音读为-ye。

（15）曾梗通摄入声合口三等精组见系（职昔、屋三烛）读音-io/-u/-y。盐亭、西充方言点今音读为-io，射洪方言今音读为-iɵ，彭山方言今音读为-io/-o，青神方言今音读为-yo/-iɛ/-ɵ，夹江方言今音读为-iu/-i/-y。

（16）臻摄入声合口三等精组见系读音-io/-y。盐亭方言今音读为-y/-io，射洪方言今音读为-y/-iɵ，西充方言今音读为-i/-io，彭山方言今音读为-yɛ/-io/-y，青神方言今音读为-yo/-iɛ，夹江方言今音读为-y/-iu/-ye。

（17）深臻曾梗摄入声开口三四等帮端见系（缉质迄职昔陌三锡）读音-ie/-i。盐亭、射洪、西充、夹江方言点今音读为-i，彭山、青神方言点今音读为-iɛ。

（18）咸山摄入声开口三四等帮端见系（葉業帖薛月屑）读音-ie/-iɛ/-i。与第17项语音同。盐亭、夹江方言点今音读为-ie/-i，射洪方言今音读为-ie，西充方言今音读为-i，彭山、青神方言点今音读为-iɛ。

（19）深臻曾梗摄入声开口三等知系知章组（缉质职昔）读音舌面央元音-ɵ/-ə或舌尖后元音-ʅ。盐亭、射洪、夹江方言点今音读为舌尖前元音-ɿ，西充方言今音读为舌尖后元音-ʅ，彭山、青神方言点今音读为舌面央元音-ə。

（20）中古入声字今独立成调。调类有五个声调（阴平、阳平、上声、去声、入声），中古入声字今读入声韵调，调值多为中平调。盐亭、射洪、西充方言点为半高平调，入声调值44；彭山方言为高升调，入声调值35；青神方言为中升调，入声调值23；夹江方言为高升调，入声调值45。

（21）深臻曾梗摄舒声开口三四等帮端见系鼻韵尾合一，-in韵与-iŋ韵不区分。

（22）深臻曾梗摄舒声开口二、三等知系字鼻韵尾合一，-nɛ韵与-əŋ韵不区分。

盐亭、射洪、西充、彭山、青神、夹江等六县市方言韵母系统语音特征较多，相互之间存在语音差别。与成都话、南路话基本保持平行，同北京话存在较大的语音区别。

3. 声调

调类有阴平、阳平、上声、去声、入声五个声调。平分阴阳，浊上变去，去声不分阴阳；中古入声字今独立成调，调值多介于中平调。

盐亭、射洪、西充、彭山、青神、夹江等六县市方言声调系统语音特征简明，相互之间存在细微的差别。声调方面与成都话、南路话、北京话存在较大的语音区别。

综上所述，盐亭、射洪、西充、彭山、青神、夹江等六县市方言分区属于西南官话灌赤片岷江小片。盐亭、射洪、西充方言语音分区是南路话方言岛语音性质。盐亭、射洪、西充、彭山、青神、夹江等六县市方言的语音系统相近，应同属一个方言小片或官话语群，均属于西南官话的南路话方言区。

参考文献

北京大学中国语言文学系语言学教研室，1989. 汉语方音字汇［M］. 2版. 北京：文字改革出版社.

曹志耘，2008. 汉语方言地图集——语音卷［M］. 北京：商务印书馆.

崔荣昌，1985. 四川方言的形成［J］. 方言（1）：6－14.

崔荣昌，1993. 四川方言研究史上的丰碑——读《四川方言调查报告》［J］. 四川大学学报（哲学社会科学版）（1）：71－79.

崔荣昌，1994. 四川方言研究述评［J］. 中国语文（6）：419－429.

崔荣昌，1996. 四川方言与巴蜀文化［M］. 成都：四川大学出版社.

丁声树，李荣，1958. 古今字音对照手册［M］. 北京：科学出版社.

丁声树，李荣，1984. 汉语音韵讲义［M］. 上海：上海教育出版社.

郝锡炯，1980. 从古入声的演变谈根据四川方言辨认古入声字［J］. 四川师院学报（3）：35－36＋39－40＋34.

郝锡炯，胡淑礼，1985. 关于四川方言的语音分区问题［J］. 四川大学学报（哲学社会科学版）（2）：71－86.

何婉，2008. 四川成都话音系调查研究［D］. 成都：四川师范大学.

侯精一，2002. 现代汉语方言概论［M］. 上海：上海教育出版社.

黄尚军，1996. 四川方言与民俗［M］. 增订本. 成都：四川人民出版社.

黄雪贞，1986. 西南官话的分区（稿）［J］. 方言（4）：262－272.

夹江县编史修志委员会，1989. 夹江县志［M］. 成都：四川人民出版社.

李蓝，1997. 六十年来西南官话的调查与研究［J］. 方言（4）：249－257.

李蓝，2009. 西南官话的分区（稿）［J］. 方言：31（1）：72－87.

李荣，1957. 汉语方言调查手册［M］. 北京：科学出版社.

李荣，1982. 音韵存稿［M］. 北京：商务印书馆.

李如龙，1999. 论汉语方言语音的演变［J］. 语言研究（1）：102－113.

李如龙，2001. 汉语方言学［M］. 北京：高等教育出版社.

李霞，2004. 西南官话语音研究［D］. 上海：上海师范大学.

梁德曼，1982. 四川方言与普通话［M］. 成都：四川人民出版社.

林焘，王理嘉，1992. 语音学教程［M］. 北京：北京大学出版社.

潘悟云，2000. 汉语历史音韵学［M］. 上海：上海教育出版社.

潘悟云，2009. 吴语形成的历史背景——兼论汉语南部方言的形成模式［J］. 方言，31
    （3）：193－203.

钱曾怡，2002. 汉语方言研究的方法与实践［M］. 北京：商务印书馆.

青神县县志编纂委员会，1994. 青神县志［M］. 成都：成都科技大学出版社.

射洪县县志编纂委员会，1990. 射洪县志［M］. 成都：四川大学出版社.

四川大学中文系四川方言音系编写组，1960. 四川方言音系［J］. 四川大学学报（哲学社
    会科学版）（3）.

四川省彭山县志编纂委员会，1991. 彭山县志［M］. 成都：巴蜀书社.

四川省盐亭县志编纂委员会，1991. 盐亭县志［M］. 成都：四川文艺出版社.

孙晓芬，1997. 清代前期的移民填四川［M］. 成都：四川大学出版社.

汪启明，程曾，2008. 近十年（1997—2007）四川方言市县话研究综述［J］. 乐山师范学
    院学报（7）：45－48＋62.

王福堂，1999. 汉语方言语音的演变和层次［M］. 北京：语文出版社.

王纲，1991. 清代四川史［M］. 成都：成都科技大学出版社.

王力，1980. 汉语史稿：上册［M］. 修订本. 北京：商务印书馆.

吴安其，1999. 语言的分化和方言的格局［J］. 民族语文（1）：1－10.

西充县志编纂委员会，1993. 西充县志［M］. 重庆：重庆出版社.

徐通锵，1990. 结构的不平衡性和语言演变的原因［J］. 中国语文（1）：1－15.

徐通锵，1991. 历史语言学［M］. 北京：商务印书馆.

杨时逢，1984. 四川方言调查报告［M］. 台北："中央"研究院历史语言研究所.

叶蜚声，徐通锵，1997. 语言学纲要［M］. 北京：北京大学出版社.

游汝杰，2004. 汉语方言学教程［M］. 上海：上海教育出版社.

袁家骅，1983. 汉语方言概要［M］. 2版. 北京：文字改革出版社.

翟时雨，1986. 汉语方言与方言调查［M］. 重庆：西南师范大学出版社.

翟时雨，1999. 成都、重庆话在四川方言分区中的地位［J］. 西南师范大学学报（哲学社
    会科学版）（2）：13－15.

詹伯慧，2000. 二十年来汉语方言研究述评［J］. 方言（4）：317－324.

詹伯慧，2009. 汉语方言研究30年［J］. 云南师范大学学报（哲学社会科学版）（2）：38－45.

张斌，2002. 简明现代汉语［M］. 上海：复旦大学出版社.

张强，2012. 四川遂宁地区方言语音系统研究［D］. 成都：四川师范大学.

张强，2012. 四川盐亭等六县市方言音系调查研究［D］. 成都：四川师范大学.

甄尚灵，1983. 四川方言的鼻音韵［J］. 方言（4）：241－243.

郑张尚芳，2003. 上古音系［M］. 上海：上海教育出版社.

中国社会科学院语言研究所，1981. 方言调查字表［M］. 修订本. 北京：商务印书馆.

周长楫，1991. 浊音清化溯源及相关问题［J］. 中国语文（4）：283－289.

周及徐，2008.《广韵》等韵书中的成都话本字（之一）//周及徐.语言历史论丛（第二辑）[G].成都：巴蜀书社：91－99.

周及徐，2009.《广韵》等韵书中的成都话本字之二——受声符影响而读音发生变化的字//周及徐.语言历史论丛（第三辑）[G].成都：巴蜀书社：175－185.

周及徐，2012.南路话和湖广话的语音特点——兼论四川两大方言的历史关系[J].语言研究，32（3）：65－77.

周及徐，2013.从移民史和方言分布看四川方言的历史层次——兼论"南路话"与"湖广话"的区别[J].语言研究，33（1）：52－59.

朱德熙，1982.语法讲义[M].北京：商务印书馆.

朱晓农，2010.语音学[M].北京：商务印书馆.

附 录

1. 四川盐亭方言音表

说 明

（1）本表参考侯精一《现代汉语方言概论》的《现代汉语方言音表》编排，字目及次序编号与之一致，以便查询。

（2）本表主要收四川盐亭方言点的常用字 764 字，后另有《四川盐亭方言特字表》收录特字。

（3）收字按普通话音序排列，个别字在部分方言里不用或者罕见，在相应的位置空出不填。

（4）本表使用简体字。少数需要用繁、简体来区分音韵地位或不同用法的，使用繁体。"虾"字《广韵》没有而《集韵》有，在字后加"＊"。"丟"字《广韵》《集韵》均未收而后出，在字后加"＊＊"。

（5）声调用五度标调法表示，调值用数码写在音标的后面。一个调类只用一个调值来代表。

（6）文白异读的区别，分别在音标之后用"文""白"标注。新派和老派的区别，分别在音标之后用"新""老"标注。一字多音原则上分别注释义或者用例。无条件的"又读"音只罗列读音，不出释义或者用例。

（7）释义简短的直接放在音标的后面，较长的出脚注。举例用"～"代表字目。

（8）所有表格用小五号字；附加意义说明的字用六号区别，如"底下""下降"。

字/中古音	1 巴	2 拔	3 髪	4 伐	5 法
四川方言点	假开二平麻帮	山开二入黠並	山合三入月非	山合三入月奉	咸合三入乏非
盐亭	pʌ 35	phʌ 44	fʌ 44	fʌ 44	fʌ 44
成都	pʌ 45	pʌ 21	fʌ 21	fʌ 21	fʌ 21
北京	pʌ 55	pʌ 35	fʌ 51	fʌ 35	fʌ 214

字/中古音	6 达	7 答	8 塔	9 拿	10 纳
四川方言点	山开一入曷定	咸开一入合端	咸开一入盍透	假开二平麻娘	咸开一入合泥
盐亭	tʌ 44	tʌ 44	thʌ 44	lʌ 31	lʌ 44
成都	tʌ 21	tʌ 21	thʌ 21	nʌ 21	nʌ 21
北京	tʌ 35	tʌ 55	thʌ 214	nʌ 35	nʌ 51

字/中古音	11 腊	12 辣	13 杂	14 撒	15 闸
四川方言点	咸开一入盍来	山开一入曷来	咸开一入合从	山开一入曷心	咸开二入洽崇
盐亭	lʌ 44	lʌ 44	tsʌ 44	sʌ 51	tsʌ 44
成都	nʌ 21	nʌ 21	tsʌ 21	sʌ 42	tsʌ 21
北京	lʌ 51	lʌ 51	tsʌ 35	sʌ 55	tʂʌ 35

字/中古音	16 铡	17 油炸	18 叉	19 插	20 茶
四川方言点	山开二入辖崇	咸开二入洽崇	假开二平麻初	咸开二入洽初	假开二平麻澄
盐亭	tsʌ 44	tsʌ 44	tshʌ 51	tshʌ 35	tshʌ 31
成都	tsʌ 21	tsʌ 213	tshʌ 45	tshʌ 21	tshʌ 21
北京	tʂʌ 35	tʂʌ 35	tʂhʌ 55	tʂhʌ 55	tʂhʌ 35

字/中古音	21 察	22 杀	23 沙	24 刹	25 家
四川方言点	山开二入黠初	山开二入黠生	假开二平麻生	山开二入辖初	假开二平麻见
盐亭	tshʌ 44	sʌ 44	sʌ 35	sʌ 44	tɕiʌ 35
成都	tshʌ 21	sʌ 21	sʌ 45	sʌ 21	tɕiʌ 45
北京	tʂhʌ 35	ʂʌ 55	ʂʌ 55	tʂhʌ 51	tɕiʌ 55

字/中古音	26 甲	27 恰	28 鱼虾 *	29 瞎	30 狭
四川方言点	咸开二入狎见	咸开二入洽溪	假开二平麻晓	山开二入辖晓	咸开二入洽匣
盐亭	tɕiA 44	tɕhiA 44	ɕiA 35	ɕiA 44	ɕiA 44
成都	tɕiA 21	tɕhiA 21	ɕiA 45	ɕiA 21	ɕiA 21
北京	tɕiA 214	tɕhiA 51	ɕiA 55	ɕiA 55	ɕiA 35

字/中古音	31 底下	32 下降	33 鸦	34 鸭	35 牙
四川方言点	假开二上马匣	假开二去祃匣	假开二平麻影	咸开二入狎影	假开二平麻疑
盐亭	xA 324 ɕiA 324	ɕiA 324	iA 35	iA 44	iA 31
成都	ɕiA 213	ɕiA 213	iA 45	iA 21	iA 21
北京	ɕiA 51	ɕiA 51	iA 55	iA 55	iA 35

字/中古音	36 崖	37 涯	38 抓	39 刷	40 瓜
四川方言点	蟹开二平佳疑	蟹开二平佳疑	效开二平肴庄	山合二入辖生	假合二平麻见
盐亭	iA 31	iA 31	tsuA 35	suA 44	kuA 35
成都	ŋai21	iA 21	tsuA 45	suA 21	kuA 45
北京	iA 35	iA 35	tʂuA 55	ʂuA 55	kuA 55

字/中古音	41 刮	42 挂	43 夸	44 滑	45 化
四川方言点	山合二入辖见	蟹合二去卦见	平麻溪	山合二入黠匣	假合二去祃晓
盐亭	kuA 44	kuA 324	khuA 35	xuA 44	xuA 324
成都	kuA 21	kuA 213	khuA 45	xuA 21	xuA 213
北京	kuA 55	kuA 51	khuA 55	xuA 35	xuA 51

字/中古音	46 画	47 话	48 挖	49 瓦	50 袜
四川方言点	蟹合二去卦匣	蟹合二去夬匣	山合二入黠影	假合二上马疑	山合三入月微
盐亭	xuA 324	xuA 324	uA 35	uA 51	uA 44
成都	xuA 213	xuA 213	uA 45	uA 42	uA 21
北京	xuA 51	xuA 51	uA 55	uA 214	uA 51

字/中古音	51 得	52 勒	53 则	54 责	55 测
四川方言点	曾开一入德端	曾开一入德来	曾开一入德精	梗开二入麦庄	曾开三入职初
盐亭	te44	le44	tse44	tse44	tshe44
成都	te21	ne21	tse21	tse21	tshe21
北京	tɤ35 tei214	lɤ51	tsɤ35	tsɤ35	tshɤ51

字/中古音	56 策	57 色	58 涩	59 蛇	60 设
四川方言点	梗开二入麦初	曾开三入职生	深开三入缉生	假开三平麻船	山开三入薛书
盐亭	tshe44	se44	se44	sei31	se44
成都	tshe21	se21	se21	sə21	sɤ21
北京	tshɤ51	sɤ51 sai214	sɤ51	şɤ35	şɤ51

字/中古音	61 社	62 射	63 涉	64 惹	65 热
四川方言点	假开三上马禅	假开三去祃船	咸开三入叶禅	假开三上马日	山开三入薛日
盐亭	sei324	sei324	se44	ze51	ze44
成都	se213	se213	se21	ze42	ze21
北京	şɤ51	şɤ51	şɤ51	zˌɤ214	zˌɤ51

字/中古音	66 鸽	67 割	68 歌	69 革	70 各
四川方言点	咸开一入合见	山开一入曷见	果开一平歌见	梗开二入麦见	宕开一入铎见
盐亭	ke44	kə44	kə35	ke44	kə44
成都	ko21	ko21	ko45	ko21	ko21
北京	kɤ55	kɤ55	kɤ55	kɤ35	kɤ51

字/中古音	71 壳	72 刻	73 客	74 课	75 喝酒
四川方言点	江开二入觉溪	曾开一入德溪	梗开二入陌溪	果合一去过溪	咸开一入合晓
盐亭	khe44	khe324 khe44	khe44	khə324	xo35
成都	kho21	khe21	khe21	kho213	xo45

字/中古音	71 壳	72 刻	73 客	74 课	75 喝酒
北京	khɤ35 tɕhiɑu51	khɤ51	khɤ51	khɤ51	xɤ55

字/中古音	76 河	77 核	78 善恶	79 剥	80 婆
四川方言点	果开一平歌匣	梗开二入麦匣	宕开一入铎影	江开二入觉帮	果合一平戈并
盐亭	xo31	xai324	ŋo44	po44	pho31
成都	xo21	xe21	ŋo21	po21	pho21
北京	xɤ35	xɤ35	ɤ51	pɑu55 po55	pho35

字/中古音	81 破	82 末	83 莫	84 佛	85 舵
四川方言点	果合一去过滂	山合一入末明	宕开一入铎明	臻合三入物奉	果开一上哿定
盐亭	pho324	mo44	mo44	fu44	to324
成都	pho213	mo21	mo21	fu21	to213
北京	pho51	mo51	mo51	fo35	tuo51

字/中古音	86 托	87 脱	88 妥	89 罗	90 骡
四川方言点	宕开一入铎透	山合一入末透	果合一上果透	果开一平歌来	果合一平戈来
盐亭	tho44	tho44	tho51	lo31	lo31
成都	tho21	tho21	tho42	no21	no21
北京	thuo214	thuo55	thuo214	luo35	luo35

字/中古音	91 洛	92 左	93 作	94 坐	95 缩
四川方言点	宕开一入铎来	果开一上哿精	宕开一入铎精	果合一上果从	通合三入屋生
盐亭	lo44	tso51	tso44	tso324	so44
成都	no21	tso42	tso21	tso213	so21
北京	luo51	tsuo214	tsuo51 tsuo55	tsuo51	suo55

字/中古音	96 所	97 捉	98 桌	99 酌	100 着衣
四川方言点	遇合三上语生	江开二入觉庄	江开二入觉知	宕开三入药章	宕开三入药知
盐亭	so51	tso44	tso44	tso44	tso44 tsɑu31
成都	so42	tso21	tso21	tso21	tsɑu21
北京	suo214	tʂuo55	tʂuo55	tʂuo35	tʂuo35

字/中古音	101 睡着	102 戳	103 弱	104 郭	105 国
四川方言点	宕开三入药澄	江开二入觉彻	宕开三入药日	宕合　入铎见	曾合一入德见
盐亭	tsho44 tso44	tsho44	zo44	kue44	kue44
成都	tsho21	tsho21	zo21	kue21	kue21
北京	tʂau35	tʂhuo55	ʐuo51	kuo55	kuo35

字/中古音	106 阔	107 活	108 或	109 获	110 祸
四川方言点	山合一入末溪	山合一入末匣	曾合一入德匣	梗合二入麦匣	果合一上果匣
盐亭	khue44	xə44	xue44	xue44	xo324
成都	khue21	xo21	xue21	xue21	xo213
北京	khuo51	xuo35	xuo51	xuo51	xuo51

字/中古音	111 霍	112 窝	113 卧	114 握	115 撇
四川方言点	宕合一入铎晓	果合一平戈影	果合一去过疑	江开二入觉影	山开四入屑滂
盐亭	xo44	o35	o324	o44	phi44
成都	xo21	o45	o213	o21	phie21
北京	xuo51	uo55	uo51	uo51	phiɛ214

字/中古音	116 灭	117 跌	118 帖	119 捏	120 聂
四川方言点	山开三入薛明	咸开四入帖端	咸开四入帖透	山开四入屑泥	咸开三入叶娘
盐亭	mi44	thi44 tie44	ti44	ȵie44	ȵie44
成都	mie21	tie21	thie21	ȵie45	ȵie21
北京	miɛ51	tie55	thiɛ55	niɛ55	niɛ51

117

字/中古音	121 镊	122 辇	123 列	124 劣	125 接
四川方言点	咸开三入叶娘	山开三入薛疑	山开三入薛来	山合三入薛来	咸开三入叶精
盐亭	ȵie44	ȵie44	li44	le44	tɕie44
成都	ȵie21	ȵie21	nie21	nie21	tɕie21
北京	nie51	nie51	lie51	lye51 lie51	tɕiɛ55

字/中古音	126 劫	127 揭	128 街	129 节	130 杰
四川方言点	咸开三入叶见	山开三入月见	蟹开二平佳见	山开四入屑精	山开三入薛群
盐亭	tɕhie44	tɕi44 tɕie44	kai35	tɕi44	tɕi44
成都	tɕie21	tɕie21	kai45	tɕie21	tɕie21
北京	tɕiɛ35	tɕiɛ55	tɕiɛ55	tɕiɛ35	tɕiɛ35

字/中古音	131 结	132 洁	133 解开	134 介	135 歇
四川方言点	山开四入屑见	山开四入屑见	蟹开二上蟹见	蟹开二去怪见	山开三入月晓
盐亭	tɕi44	tɕi44	kai51 tɕiai51	tɕiai324	ɕi44
成都	tɕie21	tɕie21	tɕiai42 文 kai42 白	tɕiai213	ɕie21
北京	tɕiɛ35	tɕiɛ35	tɕiɛ214	tɕiɛ51	ɕiɛ55

字/中古音	136 协	137 胁	138 斜	139 谢	140 噎
四川方言点	咸开四入帖匣	咸开三入业晓	假开三平麻邪	假开三去祃邪	山开四入屑影
盐亭	ɕi44	ɕie44	ɕie31	ɕie324	ie44
成都	ɕie21	ɕie21	ɕie21	ɕie213	ji21
北京	ɕiɛ35	ɕiɛ35	ɕiɛ35	ɕiɛ51	iɛ55

字/中古音	141 野	142 业	143 叶	144 虐	145 略
四川方言点	假开三上马以	咸开三入业疑	咸开三入叶以	宕开三入药疑	宕开三入药来
盐亭	i51	ȵi44	i44	io44	lio44

字/中古音	141 野	142 业	143 叶	144 虐	145 略
成都	ie42	ȵie21	ie21	io21	nio21
北京	iɛ214	iɛ51	iɛ51	nyɛ51	lyɛ51

字/中古音	146 决	147 绝	148 缺	149 确	150 靴
四川方言点	山合四入屑见	山合三入薛从	山合四入屑溪	江开二入觉溪	果合三平戈晓
盐亭	tɕye44	tɕye44	tɕhye44	tɕhio44	ɕy35
成都	tɕye21	tɕye21	tɕhye21	tɕhio21	ɕye45
北京	tɕyɛ35	tɕyɛ35	tɕhyɛ55	tɕhyɛ51	ɕyɛ55

字/中古音	151 薛	152 穴	153 学	154 血	155 约
四川方言点	山开三入薛心	山合四入屑匣	江开二入觉匣	山合四入屑晓	宕开三入药影
盐亭	ɕye44	ɕi44	ɕio44	ɕye44	io44
成都	ɕye21	ɕie21	ɕio21	ɕye21	io21
北京	ɕyɛ55	ɕyɛ51 ɕyɛ35	ɕyɛ35	ɕiɛ214	yɛ55

字/中古音	156 月	157 岳	158 越	159 字	160 自
四川方言点	山合三入月疑	江开二入觉疑	山合三入月云	止开三去志从	止开三去至从
盐亭	ye44	io44	io44	tsʅ324	tsʅ324
成都	ye21	io21	ye21	tsʅ213	tsʅ213
北京	yɛ51	yɛ51	yɛ51	tsʅ51	tsʅ51

字/中古音	161 词	162 辞	163 斯	164 知	165 侄
四川方言点	止开三平之邪	止开三平之邪	止开三平支心	止开三平支知	臻开三入质澄
盐亭	tshʅ31	tshʅ31	sʅ35	tsʅ35	tsʅ44
成都	tshʅ21	tshʅ21	sʅ45	tsʅ45	tsʅ21
北京	tshʅ35	tshʅ35	sʅ55	tsʅ55	tsʅ35

字/中古音	166 直	167 治	168 质	169 滞	170 迟
四川方言点	曾开三入职澄	止开三去志澄	臻开三入质章	蟹开三去祭澄	止开三平脂澄
盐亭	tsɿ44	tsɿ324	tsɿ44	tshɿ324	tshɿ31
成都	tsɿ21	tsɿ213	tsɿ21	tshɿ213	tshɿ21
北京	tʂʅ35	tʂʅ51	tʂʅ51	tʂʅ51	tʂhʅ35

字/中古音	171 匙	172 尺	173 齿	174 耻	175 师
四川方言点	止开三平支禅	梗开三入昔昌	止开三上止昌	止开三上止彻	止开三平脂生
盐亭	sɿ31	tshɿ44	tshɿ51	tshɿ51	sɿ35
成都	sɿ45	tshɿ21	tshɿ42	tshɿ42	sɿ45
北京	tʂhʅ35	tʂhʅ214	tʂhʅ214	tʂhʅ214	ʂʅ55

字/中古音	176 施	177 狮	178 十	179 石	180 时
四川方言点	止开三平支书	止开三平脂生	深开三入缉禅	梗开三入昔禅	止开三平之禅
盐亭	sɿ35	sɿ35	sɿ44	sɿ44	sɿ31
成都	sɿ45	sɿ45	sɿ21	sɿ21	sɿ21
北京	ʂʅ55	ʂʅ55	ʂʅ35	ʂʅ35	ʂʅ35

字/中古音	181 食	182 士	183 世	184 示	185 事
四川方言点	曾开三入职船	止开三上止崇	蟹开三去祭书	止开三去至船	止开三去志崇
盐亭	sɿ44	sɿ324	sɿ324	sɿ324	sɿ324
成都	sɿ21	sɿ213	sɿ213	sɿ213	sɿ213
北京	ʂʅ35	ʂʅ51	ʂʅ51	ʂʅ51	ʂʅ51

字/中古音	186 视	187 日	188 贰 心	189 逼	190 比
四川方言点	止开三去至禅	臻开三入质日	止开三去至日	曾开三入职帮	止开三上旨帮
盐亭	sɿ324	zɿ44	ər324	pi44	pi51
成都	sɿ213	zɿ21	ər213	pie21 老 pi21 新	pi42
北京	ʂʅ51	zʅ51	ər51	pi55	pi214

字/中古音	191 必	192 闭	193 碧	194 壁	195 披
四川方言点	臻开三入质帮	蟹开四去霁帮	梗开三入陌帮	梗开四入锡帮	止开三平支滂
盐亭	pi44	pi324	pi44	pi44	phei35
成都	pi21 新 pie21 老	pi213	pi21 新 pie21 老	pi21 新 pie21 老	phei45
北京	pi51	pi51	pi51	pi51	phi55 phei55

字/中古音	196 匹	197 米	198 笛	199 底	200 地
四川方言点	臻开三入质滂	蟹开四上荠明	梗开四入锡定	蟹开四上荠端	止开三去至定
盐亭	phi44	mi51	ti44	ti51	ti324
成都	phi21	mi42	ti21 新 tie21 老	ti42	ti213
北京	phi214	mi214	ti35	ti214	ti51

字/中古音	201 尼	202 泥	203 逆	204 离	205 李
四川方言点	止开三平脂娘	蟹开四平齐泥	梗开三入陌疑	止开三平支来	止开三上止来
盐亭	ȵi31	ȵi31	ȵi44	li31	li51
成都	ȵi21	ȵi21	ȵi21 新 ȵie21 老	nl21	ni42
北京	ni35	ni35	ni51	li35	li214

字/中古音	206 力	207 历	208 立	209 例	210 栗
四川方言点	曾开三入职来	梗开四入锡来	深开三入缉来	蟹开三去祭来	臻开三入质来
盐亭	li44	li44	li44	li44	li44
成都	nie21 老 ni21 新	nie21 老 ni21 新	nie21 老 ni21 新	ni213	nie21 老 ni21 新
北京	li51	li51	li51	li51	li51

字/中古音	211 激	212 及	213 吉	214 极	215 集
四川方言点	梗开四入锡见	深开三入缉群	臻开三入质见	曾开三入职群	深开三入缉从
盐亭	tɕi44	tɕi44	tɕi44	tɕi44	tɕi44

字/中古音	211 激	212 及	213 吉	214 极	215 集
成都	tɕie21 老 tɕi21 新	tɕie21 老 tɕi21 新	tɕie21 老 tɕi21 新	tɕie21 老 tɕi21 新	tɕie21 老 tɕi21 新
北京	tɕi55	tɕi35	tɕi35	tɕi35	tɕi35

字/中古音	216 计	217 忌	218 祭	219 七	220 奇
四川方言点	蟹开四去霁见	止开三去志群	蟹开三去祭精	臻开三入质清	止开三平支群
盐亭	tɕi324	tɕi324	tɕi324	tɕhi44	tɕhi31
成都	tɕi213	tɕi213	tɕi213	tɕhie21 老 tɕhi21 新	tɕhi21
北京	tɕi51	tɕi51	tɕi51	tɕhi55	tɕhi35

字/中古音	221 气	222 器	223 西	224 吸	225 希
四川方言点	止开三去未溪	止开三去至溪	蟹开四平齐心	深开三入缉晓	止开三平微晓
盐亭	tɕhi324	tɕhi324	ɕi35	tɕi44	ɕi35
成都	tɕhi213	tɕhi213	ɕi45	tɕie21 老 ɕi21 新	ɕi45
北京	tɕhi51	tɕhi51	ɕi55	ɕi55	ɕi55

字/中古音	226 息	227 习	228 席	229 喜	230 戏
四川方言点	曾开三入职心	深开三入缉邪	梗开三入昔邪	止开三上止晓	止开三去寘晓
盐亭	ɕi44	ɕi44	ɕi44	ɕi51	ɕi324
成都	ɕie21 老 ɕi21 新	ɕie21 ɕi21 新	ɕie21 ɕi21 新	ɕi42	ɕi213
北京	ɕi55	ɕi35	ɕi35	ɕi214	ɕi51

字/中古音	231 衣	232 揖	233 宜	234 移	235 疑
四川方言点	止开三平微影	深开三入缉影	止开三平支疑	止开三平支以	止开三平之疑
盐亭	i35	i44	ȵi31	i31	ȵi31
成都	ji45	ie21 老 ji45 新	ȵi21	ji21	ȵi21

字/中古音	231 衣	232 揖	233 宜	234 移	235 疑
北京	i55	i35	i35	i35	i35

字/中古音	236 义	237 艺	238 役	239 疫	240 步
四川方言点	止开三去寘疑	蟹开三去祭疑	梗合三入昔以	梗合三入昔以	遇合一去暮並
盐亭	n̠i324	n̠i324	io44	io44	pu324
成都	n̠i213	n̠i213	io21	io21	pu213
北京	i51	i51	i51	i51	pu51

字/中古音	241 扑	242 母	243 亩	244 木	245 目
四川方言点	通合一入屋滂	流开一上厚明	流开一上厚明	通合一入屋明	通合三入屋明
盐亭	pho44	mu51	məŋ51	mo44	mo44
成都	phu21	mu42	moŋ42	mu21	mu21
北京	phu55	mu214	mu214	mu51	mu51

字/中古音	246 服	247 妇	248 负	249 附	250 缚
四川方言点	通合三入屋奉	流开三上有奉	流开三上有奉	遇合三去遇奉	宕合三入药奉
盐亭	fo44	fu324	fu324	fu324	po44
成都	fu21	fu213	fu213	fu213	fu213
北京	fu35	fu51	fu51	fu51	fu51

字/中古音	251 杜	252 秃	253 土	254 奴	255 陆
四川方言点	遇合　上姥定	通合一入屋透	遇合一上姥透	遇合一平模泥	通合三入屋来
盐亭	tu324	tho44	thu51	lu31	lo44
成都	tu213	thu21	thu42	nu21	nu21
北京	tu51	thu55	thu214	nu35	lu51

字/中古音	256 鹿	257 足	258 卒	259 俗	260 肃
四川方言点	通合一入屋来	通合三入精	臻合一入没精	通合三入烛邪	通合三入屋心
盐亭	lo44	tɕio44	tɕio44	so44	ɕio44
成都	nu21	tɕio21 老 tsu21 新	tɕio21 老 tsu21 新	ɕio21 老 su21 新	ɕio21 老 su21 新
北京	lu51	tsu35	tsu35	su35	su51

字/中古音	261 素	262 速	263 诸	264 猪	265 竹
四川方言点	遇合一去暮心	通合一入屋心	遇合三平鱼章	遇合三平鱼知	通合三入屋知
盐亭	su324	ɕio44	tsu35	tsu35	tso44
成都	su213	ɕio21 老 su21 新	tsu45	tsu45	tsu21
北京	su51	su51	tʂu55	tʂu55	tʂu35

字/中古音	266 烛	267 助	268 柱	269 住	270 出
四川方言点	通合三入烛章	遇合三去御崇	遇合三上澄	遇合三去遇澄	臻合三入术昌
盐亭	tso44	tsu324	tsu324	tsu324	tsho44
成都	tsu21	tsu213	tsu213	tsu213	tshu21
北京	tʂu35	tʂu51	tʂu51	tʂu51	tʂhu55

字/中古音	271 锄	272 楚	273 熟	274 术	275 树
四川方言点	遇合三平鱼崇	遇合三上语初	通合三入屋禅	臻合三入术船	遇合三去遇禅
盐亭	tshu31	tshu51	so44	so44	su324
成都	tshu21	tshu42	su21	su213	su213
北京	tʂhu35	tʂhu214	ʂou35 ʂu35	ʂu51	ʂu51

字/中古音	276 数动词	277 数名词	278 如	279 儒	280 辱
四川方言点	遇合三上麌生	遇合三去遇生	遇合三平鱼日	遇合三平虞日	通合三入烛日
盐亭	su51	su324	zu31	zu324	zu51
成都	su42	su213	zu21	zu21	zu21

字/中古音	276 数动词	277 数名词	278 如	279 儒	280 辱
北京	ʂu214	ʂu51	z̢u35	z̢u35	z̢u214

字/中古音	281 入	282 孤	283 骨	284 哭	285 酷
四川方言点	深开三入缉日	遇合一平模见	臻合一入没见	通合一入屋溪	通合一入沃溪
盐亭	zo44	ku35	ko44	kho44	kho44
成都	zu21	ku45	ku21	khu21	khu213
北京	z̢u51	ku55	ku214 ku35	khu55	khu51

字/中古音	286 忽	287 户	288 乌	289 屋	290 武
四川方言点	臻合一入没晓	遇合一上姥匣	遇合一平模影	通合一入屋影	遇合三上虞微
盐亭	xo44	fu324	vu35	o44	vu51
成都	fu21	fu213	vu45	vu21	vu42
北京	xu55	xu51	u55	u55	u214

字/中古音	291 物	292 女	293 驴	294 吕	295 律
四川方言点	臻合二入物微	遇合三上语娘	遇合三平鱼来	遇合三上语来	臻合三入术来
盐亭	o44	n̢y51	lu31	ly51	lo44
成都	vu21	n̢y42	ny21	ny42	nu21
北京	u51	ny214	ly35	ly214	ly51

字/中古音	296 绿	297 鞠	298 局	299 菊	300 橘
四川方言点	通合三入烛来	通合三入屋见	通合三入烛群	通合三入屋见	臻合三入术见
盐亭	lo44	tɕhio44	tɕio44	tɕio44	tɕy44
成都	nu21 白 ny21 文	tɕhio21 老 tɕhy21 新	tɕy21	tɕy21	tɕy21
北京	ly51	tɕy55	tɕy35	tɕy35	tɕy35

字/中古音	301 句	302 巨	303 聚	304 曲	305 戌
四川方言点	遇合三去遇见	遇合三上语群	遇合三上虞从	通合三入烛溪	臻合三入术心
盐亭	tɕy324	tɕy324	tɕy324	tɕhio44	ɕy44
成都	tɕy213	tɕy213	tɕy42	tɕhio21 tɕhy21	ɕio21 老 ɕy21 新
北京	tɕy51	tɕy51	tɕy51	tɕhy214	ɕy55

字/中古音	306 徐	307 许	308 序	309 馀	310 愚
四川方言点	遇合三平鱼邪	遇合三上语晓	遇合三上语邪	遇合三平鱼以	遇合三平虞疑
盐亭	ɕy31	ɕy51	ɕy324	y31	y31
成都	ɕy21	ɕy42	ɕy213	y21	y21
北京	ɕy35	ɕy214	ɕy51	y35	y35

字/中古音	311 育	312 狱	313 白	314 败	315 拜
四川方言点	通合三入屋以	通合三入烛疑	梗开二入陌並	蟹开二去夬並	蟹开二去怪帮
盐亭	io44	io44	pe44	pai324	pai324
成都	io21	io21	pe21	pai213	pai213
北京	y51	y51	pai35	pai51	pai51

字/中古音	316 派	317 买	318 麦	319 代	320 泰
四川方言点	蟹开二去卦滂	蟹开二上蟹明	梗开二入麦明	蟹开一去代定	蟹开一去泰透
盐亭	phai324	mai51	me44	tai324	thai324
成都	phai213	mai42	me21	tai213	thai213
北京	phai51	mai214	mai51	tai51	thai51

字/中古音	321 奶	322 赖	323 灾	324 再	325 在
四川方言点	蟹开二上蟹娘	蟹开一去泰来	蟹开一平咍精	蟹开一去代精	蟹开一上海从
盐亭	lai51	lai324	tsai35	tsai324	tsai324
成都	nai42	nai213	tsai45	tsai213	tsai213
北京	nai214	lai51	tsai55	tsai51	tsai51

字/中古音	326 采	327 蔡	328 腮	329 赛	330 斋
四川方言点	蟹开一上海清	蟹开一去泰清	蟹开一平哈心	蟹开一去代心	蟹开二平皆庄
盐亭	tshai51	tshai324	sai35	sai324	tsai35
成都	tshai42	tshai213	sai45	sai213	tsai45
北京	tʂhai214	tʂhai51	sai55	sai51	tʂai55

字/中古音	331 摘	332 窄	333 债	334 寨	335 拆
四川方言点	梗开二入麦知	梗开二入陌庄	蟹开二去卦庄	蟹开二去夬崇	梗开二入陌彻
盐亭	tse44	tse44	tsai324	tsai324	tshe44
成都	tse21	tse21	tsai213	tsai213	tshe21
北京	tʂai55	tʂai214	tʂai51	tʂai51	tʂhai55

字/中古音	336 柴	337 筛	338 晒	339 该	340 楷
四川方言点	蟹开二平佳崇	蟹开二平佳生	蟹开二去卦生	蟹开一平哈见	蟹开二上骇溪
盐亭	tshai31	sai35	sai324	kai35	khai51
成都	tshai21	sai45	sai213	kai45	khai42
北京	tʂhai35	ʂai55	ʂai51	kai55	khai214

字/中古音	341 海	342 亥	343 害	344 哀	345 矮
四川方言点	蟹开一上海晓	蟹开一上海匣	蟹开一去泰匣	蟹开一平哈影	蟹开二上蟹影
盐亭	xai51	xai324	xai324	ŋai35	ŋai51
成都	xai42	xai213	xai213	ŋai45	ŋai42
北京	xai214	xai51	xai51	ai55	ai214

字/中古音	346 艾	347 揣	348 衰	349 帅	350 怪
四川方言点	蟹开一去泰疑	止合三上纸初	止合三平脂生	止合三去至生	蟹合二去怪见
盐亭	ŋai324	tshuai35	suai35	suai324	kuai324
成都	ŋai213	tshuai45	suai45	suai213	kuai213
北京	ai51	tʂhuai55	ʂuai55	ʂuai51	kuai51

字/中古音	351 快	352 怀	353 外	354 卑	355 碑
四川方言点	蟹合二去夬溪	蟹合二平皆匣	蟹合一去泰疑	止开三平支帮	止开三平支帮
盐亭	khuai324	xuai31	uai324	pei35	pei35
成都	khuai213	xuai21	uai213	pei45	pei45
北京	khuai51	xuai35	uai51	pei55	pei55

字/中古音	356 北	357 倍	358 没	359 梅	360 肥
四川方言点	曾开一入德帮	蟹合一上贿并	臻合一入没明	蟹合一平灰明	止合三平微奉
盐亭	pe44	pei324	me44 mo44	mei31	fei31
成都	pe21	pei213	mo21	mei21	fei21
北京	pei214	pei51	mei35	mei35	fei35

字/中古音	361 肺	362 费	363 内	364 类	365 累积
四川方言点	蟹合三去废敷	止合三去未敷	蟹合一去队泥	止合三去至来	止合三上纸来
盐亭	fei324	fei324	luei324	luei324	luei51
成都	fei213	fei213	nuei213	nuei213	nuei42
北京	fei51	fei51	nei51	lei51	lei214

字/中古音	366 连累	367 贼	368 黑	369 堆	370 兑
四川方言点	止合三去真来	曾开一入德从	曾开一入德晓	蟹合一平灰端	蟹合一去泰定
盐亭	luei324	tse44	xe44	tuei35	tuei324
成都	nuei213	tsuei21	xe21	tuei45	tuei213
北京	lei51	tsei35	xei55	tuei55	tuei51

字/中古音	371 推	372 退	373 嘴	374 最	375 罪
四川方言点	蟹合一平灰透	蟹合一去队透	止合三上纸精	蟹合一去泰精	蟹合一上贿从
盐亭	thuei35	thuei324	tsuei51	tsuei324	tsuei324
成都	thuei45	thuei213	tsuei42	tsuei213	tsuei213
北京	thuei55	thuei51	tsuei214	tsuei51	tsuei51

字/中古音	376 脆	377 翠	378 虽	379 岁	380 追
四川方言点	蟹合三去祭清	止合三去至清	止合三平脂心	蟹合三去祭心	止合三平脂知
盐亭	tʂhuei324	tʂhuei324	suei35	suei324	tʂuei35
成都	tʂhuei213	tʂhuei213	ɕy45 老 suei45 新	suei213	tʂuei45
北京	tʂhuei51	tʂhuei51	suei55	suei51	tʂuei55

字/中古音	381 锥	382 垂	383 谁	384 水	385 归
四川方言点	止合三平脂章	止合三平支禅	止合三平脂禅	止合三上旨书	止合二平微见
盐亭	tʂuei35	tʂhuei31	suei31	suei51	kuei35
成都	tʂuei45	tʂhuei21	suei21	suei42	kuei45
北京	tʂuei55	tʂhuei35	ʂei35 ʂuei35	ʂuei214	kuei55

字/中古音	386 柜	387 桂	388 亏	389 灰	390 徽
四川方言点	止合三去至群	蟹合四去霁见	止合三平支溪	蟹合一平灰晓	止合三平微晓
盐亭	kuei324	kuei324	khuei35	xuei35	xuei35
成都	kuei213	kuei213	khuei45	xuei45	xuei45
北京	kuei51	kuei51	khuei55	xuei55	xuei55

字/中古音	391 开会	392 惠	393 毁	394 危	395 威
四川方言点	蟹合一去泰匣	蟹合四去霁匣	止合三上纸晓	止合三平支疑	止合三平微影
盐亭	xuei324	xuei324	xuei51	uei31	uei35
成都	xuei213	xuei213	xuei42	uei45	uei45
北京	xuei51	xuei51	xuei214	uei55	uei55

字/中古音	396 卫	397 位	398 味	399 炮	400 袍
四川方言点	蟹合三去祭云	止合三去至云	止合三去未微	效开二去效滂	效开一平豪并
盐亭	uei324	uei324	uei324	phau324	phau31
成都	uei213	uei213	uei213	phau213	phau21
北京	uei51	uei51	uei51	phau51	phau35

字/中古音	401 茂	402 帽	403 貌	404 刀	405 闹
四川方言点	流开一去候明	效开一去号明	效开二去效明	效开一平豪端	效开二去效娘
盐亭	məŋ324	mau324	mau324	tau35	lau324
成都	moŋ213	mau213	mau213	tau45	nau213
北京	mau51	mau51	mau51	tau55	nau51

字/中古音	406 牢	407 草	408 赵	409 罩	410 炒
四川方言点	效开一平豪来	效开一上晧清	效开三上小澄	效开二去效知	效开二上巧初
盐亭	lau31	tshau51	tsau324	tsau324	tshau51
成都	nau21	tshau42	tsau213	tsau213	tshau42
北京	lau35	tshau214	tʂau51	tʂau51	tʂhau214

字/中古音	411 绍	412 围绕	413 绕线	414 告	415 毫
四川方言点	效开三上小禅	效开三上小日	效开三去笑日	效开一去号见	效开一平豪匣
盐亭	sau324	zau51	zau324	kau324	xau31
成都	sau213	zau213	zau213	kau213	xau21
北京	ʂau51	ʐau51 ʐau214	ʐau51	kau51	xau35

字/中古音	416 奥	417 彪	418 飘	419 条	420 鸟
四川方言点	效开一去号影	流开三平幽帮	效开三平宵滂	效开四平萧定	效开四上筱端
盐亭	ŋau324	piɐu35	phiɐu35	thiɐu31	ɲiɐu51
成都	ŋau213	piau45	phiau45	thiau21	ɲiau42
北京	au51	piau55	phiau55	thiau35	niau214

字/中古音	421 叫	422 轿	423 敲	424 削	425 消
四川方言点	效开四去啸见	效开三去笑群	效开二平肴溪	宕开三入药心	效开三平宵心
盐亭	tɕiɐu324	tɕiɐu324	khau35	ɕye44	ɕiɐu35
成都	tɕiau213	tɕiau213	khau45 老 tɕhiau45 新	ɕye21	ɕiau45

字/中古音	421 叫	422 轿	423 敲	424 削	425 消
北京	tɕiau51	tɕiau51	tɕʰiau55	ɕiau55	ɕiau55

字/中古音	426 晓	427 孝	428 妖	429 摇	430 咬
四川方言点	效开四上筱晓	效开二去效晓	效开三平宵影	效开三平宵以	效开二上巧疑
盐亭	ɕiɐu51	ɕiɐu324	iɐu35	iɐu31	ȵiɐu51
成都	ɕiau42	ɕiau213	iau45	iau21	ȵiau42 ŋau42
北京	ɕiau214	ɕiau51	iau55	iau35	iau214

字/中古音	431 某	432 豆	433 头	434 漏	435 走
四川方言点	流开一上厚明	流开一去候定	流开一平侯定	流开一去候来	流开一上厚精
盐亭	məŋ51	təu324	tʰəu31	ləu324	tsəu51
成都	moŋ42	təu213	tʰəu21	nəu213	tsəu42
北京	mou214	tou51	tʰou35	lou51	tsou214

字/中古音	436 周	437 仇	438 绸	439 愁	440 寿
四川方言点	流开二平尤章	流开三平儿禅	流开二平尤澄	流开三平尤崇	流开三去宥禅
盐亭	tsəu35	tsʰəu31	tsʰəu31	tsʰəu31	səu324
成都	tsəu45	tsʰəu21	tsʰəu21	tsʰəu21	səu213
北京	tʂou55	tʂʰou35	tʂʰou35	tʂʰou35	ʂou51

字/中古音	441 瘦	442 柔	443 肉	444 沟	445 口
四川方言点	流开三去宥生	流开三平尤日	通合三入屋日	流开三平侯见	流开一上厚溪
盐亭	səu324	zəu31	zəu324	kəu35	kʰəu51
成都	səu213	zəu21	zu21	kəu45	kʰəu42
北京	ʂou51	ʐou35	ʐou51	kou55	kʰou214

字/中古音	446 侯	447 猴	448 厚	449 藕	450 丢＊＊
四川方言点	流开一平侯匣	流开一平侯匣	流开一上厚匣	流开一上厚疑	流开三平幽端
盐亭	xəu31	xəu31	xəu324	ŋəu51	tiəu35
成都	xəu21	xəu21	xəu213	ŋəu42	tiəu45
北京	xou35	xou35	xou51	ou214	tiou55

字/中古音	451 牛	452 纽	453 纠	454 舅	455 秋
四川方言点	流开三平尤疑	流开三上有娘	流开三上黝见	流开三上有群	流开三平尤清
盐亭	n̠iəu31	ŋiəu51	tɕiəu35	tɕiəu324	tɕhiəu35
成都	n̠iəu21	n̠iəu42	tɕiəu45	tɕiəu213	tɕhiəu45
北京	niou35	niou214	tɕiou55	tɕiou51	tɕhiou55

字/中古音	456 囚	457 休	458 袖	459 忧	460 幽
四川方言点	流开三平尤邪	流开三平尤晓	流开三去宥邪	流开三平尤影	流开三平幽影
盐亭	ɕiəu31	ɕiəu35	ɕiəu324	iəu35	iəu35
成都	ɕiəu21	ɕiəu45	ɕiəu213	iəu45	iəu45
北京	tɕhiou35 tɕhiou55	ɕiou55	ɕiou51	iou55	iou55

字/中古音	461 由	462 板	463 办	464 判	465 盼
四川方言点	流开三平尤以	山开二上潸帮	山开二去襇並	山合一去换滂	山开二去襇滂
盐亭	iəu31	pæn51	pæn324	phæn324	phæn324
成都	iəu21	pan42	pan213	phan213	phan213
北京	iou35	pan214	pan51	phan51	phan51

字/中古音	466 慢	467 翻	468 凡	469 姓范	470 泛
四川方言点	山开二去谏明	山合三平元敷	咸合三平凡奉	咸合三上范奉	咸合三去梵奉
盐亭	mæn324	fæn35	fæn31	fæn324	fæn324
成都	man213	fan45	fan21	fan213	fan213
北京	man51	fan55	fan35	fan51	fan51

字/中古音	471 单	472 贪	473 谈	474 潭	475 南
四川方言点	山开一平寒端	咸开一平谭透	咸开一平谈定	咸开一平谭定	咸开一平谭泥
盐亭	tæn35	thæn35	thæn31	thæn31	læn31
成都	tan45	than45	than21	than21	nan21
北京	tan55	than55	than35	than35	nan35

字/中古音	476 难易	477 遭难	478 蓝	479 暂	480 赞
四川方言点	山开一平寒泥	山开一去翰泥	咸开一平谈来	咸开一去阚从	山开一去翰精
盐亭	læn31	læn324	læn31	tsæn324	tsæn324
成都	nan21	nan213	nan21	tsan213	tsan213
北京	nan35	nan51	lan35	tɕan214 / tsan51	tsan51

字/中古音	481 餐	482 蚕	483 惨	484 沾	485 斩
四川方言点	山开一平寒清	咸开一平谭从	咸开一上感清	咸开三平盐知	咸开二上豏庄
盐亭	tshæn35	tshæn31	tshæn51	tsæn35	tsæn51
成都	tshan45	tshan21	tshan42	tsan45	tsan42
北京	tshan55	tshan35	tshan214	tʂan55	tʂan214

字/中古音	486 展	487 衫	488 山	489 陕	490 扇子
四川方言点	山开三上狝知	咸开二平衔生	山开二平山生	咸开三上琰书	山开三去线书
盐亭	tsæn51	sæn35	sæn35	sæn51	sæn324
成都	tsan42	san45	san45	san42	san213
北京	tʂan214	ʂan55	ʂan55	ʂan214	ʂan51

字/中古音	491 然	492 干旱	493 敢	494 感	495 看守
四川方言点	山开三平仙日	山开一平寒见	咸开一上敢见	咸开一上感见	山开一平寒溪
盐亭	zæn31	kæn35	kæn51	kæn51	khæn35
成都	zan21	kan45	kan42	kan42	khan213
北京	ʐan35	kan55	kan214	kan214	khan55

字/中古音	496 看见	497 含	498 汉	499 安	500 庵
四川方言点	山开一去翰溪	咸开一平谭匣	山开一去翰晓	山开一平寒影	咸开一平谭影
盐亭	khæn324	xæn31	xæn324	ŋæn35	iɛn35
成都	khan213	xan21	xan213	ŋan45	ŋan45
北京	khan51	xan35	xan51	an55	an55

字/中古音	501 边	502 贬	503 辨	504 片	505 棉
四川方言点	山开四平先帮	咸开三上琰帮	山开三上狝並	山开四去霰滂	山开三平仙明
盐亭	pien35	pien51	pien324	phien324	mien31
成都	pien45	pien21	pien213	phien213	mien21
北京	pien55	pien214	pien51	phien51	mien35

字/中古音	506 典	507 店	508 甜	509 年	510 念
四川方言点	山开四上铣端	咸开四去掭端	咸开四平添定	山开四平先泥	咸开四去掭泥
盐亭	tien51	tien324	thien31	ȵien31	ȵien324
成都	tien42	tien213	thien21	ȵien21	ȵien213
北京	tien214	tien51	thien35	nien35	nien51

字/中古音	511 联	512 廉	513 恋	514 奸	515 监
四川方言点	山开三平仙来	咸开三平盐来	山合三去线来	山开二平删见	咸开二平衔见
盐亭	lien31	lien31	lien324	tɕien35	tɕien35
成都	nien21	nien21	nien213	tɕien45	tɕien45
北京	lien35	lien35	lien51	tɕien55	tɕien55

字/中古音	516 减	517 剪	518 件	519 健	520 千
四川方言点	咸开二上赚见	山开三上狝精	山开三上狝群	山开三去愿群	山开四平先清
盐亭	tɕien51	tɕien51	tɕien324	tɕien324	tɕhien35
成都	tɕien42	tɕien42	tɕien213	tɕien213	tɕhien45
北京	tɕien214	tɕien214	tɕien51	tɕien51	tɕhien55

字/中古音	521 谦	522 前	523 钱	524 咸	525 衔
四川方言点	咸开四平添溪	山开四平先从	山开三平仙从	咸开二平咸匣	咸开二平衔匣
盐亭	tɕhien35	tɕhien31	tɕhien31	xæn31	ɕien31
成都	tɕhien45	tɕhien21	tɕhien21	xan21	xan21
北京	tɕhien55	tɕhien35	tɕhien35	ɕien35	ɕien35

字/中古音	526 嫌	527 闲	528 贤	529 险	530 陷
四川方言点	咸开四平添匣	山开二平山匣	山开四平先匣	咸开三上琰晓	咸开二去陷匣
盐亭	ɕien31	ɕien31	ɕien31	ɕien51	ɕien324
成都	ɕien21	ɕien21	ɕien21	ɕien42	xan213
北京	ɕien35	ɕien35	ɕien35	ɕien214	ɕien51

字/中古音	531 限	532 宪	533 腌	534 烟	535 严
四川方言点	山开二上产匣	山开三去愿晓	咸开三平严影	山开四平先影	咸开三平严疑
盐亭	ɕien324	ɕien324	ien35	ien35	ȵien31
成都	ɕien213	ɕien213	ien45	ien45	ȵien21
北京	ɕien51	ɕien51	ien55	ien55	ien35

字/中古音	536 盐	537 言	538 眼	539 演	540 厌
四川方言点	咸开三平盐以	山开三平元疑	山开二上产疑	山开三上狝以	咸开三去艳影
盐亭	ien31	ien31	ien51	ien51	ien324
成都	ien21	ien21	ien42	ien42	ien213
北京	ien35	ien35	ien214	ien214	ien51

字/中古音	541 砚	542 验	543 团	544 乱	545 算
四川方言点	山开四去霰疑	咸开三去艳疑	山合一平桓定	山合一去换来	山合一去换心
盐亭	ȵien324	ȵien324	thuæn31	luæn324	suæn324
成都	ȵien213	ȵien213	thuan21	nuan213	suan213
北京	ien51	ien51	thuan35	luan51	suan51

字/中古音	546 篆	547 船	548 闩	549 软	550 官
四川方言点	山合三上狝澄	山合三平仙船	山合二平删生	山合三上狝日	山合一平桓见
盐亭	tsuæn324	tshuæn31	suæn324	zuæn51	kuæn35
成都	tsuan213	tshuan21	suan213	zuan42	kuan45
北京	tʂuan51	tʂhuan35	ʂuan55	ʐuan214	kuan55

字/中古音	551 惯	552 欢	553 还	554 环	555 幻
四川方言点	山合二去谏见	山合一平桓晓	山合二平删匣	山合二平删匣	山合二去裥匣
盐亭	kuæn324	xuæn35	xai31 xuæn31	xuæn31	xuæn324
成都	kuan213	xuan45	xuan21	xuan21	xuan213
北京	kuan51	xuan55	xuan35	xuan35	xuan51

字/中古音	556 换	557 弯	558 晚	559 碗	560 全
四川方言点	山合一去换匣	山合二平删影	山合三上阮微	山合一上缓影	山合三平仙从
盐亭	xuæn324	uæn35	uæn51	uæn51	tɕhyɛn31
成都	xuan213	uan45	uan42	uan42	tɕhyɛn21
北京	xuan51	uan55	uan214	uan214	tɕhyɛn35

字/中古音	561 元	562 园	563 院	564 本	565 分
四川方言点	山合三平元疑	山合三平元云	山合三去线云	臻合一上混帮	臻合三平文非
盐亭	yɛn31	yɛn31	uæn324 yɛn324	pen51	fen35
成都	yɛn21	yɛn21	yɛn213	pən42	fən45
北京	yɛn35	yɛn35	yɛn51	pən214	fən55

字/中古音	566 嫩	567 森	568 臻	569 沉	570 辰
四川方言点	臻合一去慁泥	深开三平侵生	臻开三平臻庄	深开三平侵澄	臻开三平真禅
盐亭	len324	sen35	tsen35	tshen31	tshen31
成都	nən213	sən45	tsən45	tshən21	sən21

字/中古音	566 嫩	567 森	568 臻	569 沉	570 辰
北京	nən51 nuən51	sən55	tʂən55	tʂhən35	tʂhən35

字/中古音	571 陈	572 晨	573 衬	574 身	575 神
四川方言点	臻开三平真澄	臻开三平真禅	臻开三去震初	臻开三平真书	臻开三平真船
盐亭	tshen31	tshen31	tshuən324	sen35	sen31
成都	tsən21	sən21	tʂhən213	sən45	sən21
北京	tʂhən35	tʂhən35	tʂhən51	ʂən55	ʂən35

字/中古音	576 审	577 人	578 壬	579 姓任	580 忍
四川方言点	深开三上寝书	臻开三平真日	深开三平侵日	深开三平侵日	臻开三上轸日
盐亭	sen51	zen31	zen31	zen31	zen51
成都	sən42	zən21	zən213	zən21	zən42
北京	ʂən214	zˌən35	zˌən35	zˌən35	zˌən214

字/中古音	581 责任	582 跟	583 肯	584 恨	585 恩
四川方言点	深开二去沁口	臻开一平痕见	曾开一上等溪	臻开一去恨匣	臻开一平痕影
盐亭	zen324	ken35	khen51	xen324	ŋen35
成都	zən213	kən45	khən42	xən213	ŋən45
北京	zˌən51	kən55	khən214	xən51	ən55

字/中古音	586 贫	587 敏	588 邻	589 林	590 巾
四川方言点	臻开三平真并	臻开三上轸明	臻开三平真来	深开三平侵来	臻开三平真见
盐亭	phin31	min51	lin31	lin31	tɕin35
成都	phin21	min42	nin21	nin21	tɕin45
北京	phin35	min214	lin35	lin35	tɕin55

字/中古音	591 斤	592 金	593 近	594 心	595 欣
四川方言点	臻开三平殷见	深开三平侵见	臻开三上隐群	深开三平侵心	臻开三平殷晓
盐亭	tɕin35	tɕin35	tɕin324	ɕin35	ɕin35
成都	tɕin45	tɕin45	tɕin213	ɕin45	ɕin45
北京	tɕin55	tɕin55	tɕin51	ɕin55	ɕin55

字/中古音	596 新	597 因	598 音	599 银	600 隐
四川方言点	臻开三平真心	臻开三平真影	深开三平侵影	臻开三平真疑	臻开三上隐影
盐亭	ɕin35	in35	in35	in31	in51
成都	ɕin45	in45	in45	in21	in42
北京	ɕin55	in55	in55	in35	in214

字/中古音	601 顿	602 吞	603 遵	604 存	605 孙
四川方言点	臻合一去恩端	臻开一平痕透	臻合三平谆精	臻合一平魂从	臻合一平魂心
盐亭	ten324	then35	tsen35	tshen31	sen35
成都	tən213	thən45	tsən45	tshən21	sən45
北京	tuən51	thuən55	tsuən55	tshuən35	suən55

字/中古音	606 笋	607 春	608 椿	609 纯	610 唇
四川方言点	臻合三上准心	臻合三平谆昌	臻合三平谆彻	臻合三平谆禅	臻合三平谆船
盐亭	sen51	tshuen35	tshuei35	suen31	suen31
成都	sən42	tshuən45	tshuən45	suən21	suən21
北京	suən214	tʂhuən55	tʂhuən55	tʂhuən35	tʂhuən35

字/中古音	611 顺	612 闰	613 滚	614 坤	615 昏
四川方言点	臻合三去稕船	臻合三去稕日	臻合一上混见	臻合一平魂溪	臻合一平魂晓
盐亭	suen324	zuen324	kuen51	khuen35	xuen35
成都	suən213	zən213	kuən42	khuən45	xuən45
北京	ʂuən51	ʐuən51	kuən214	khuən55	xuən55

字/中古音	616 温	617 文	618 君	619 均	620 寻
四川方言点	臻合一平魂影	臻合三平文微	臻合三平文见	臻合三平谆见	深开三平侵邪
盐亭	uən35	uən31	tɕyn35	tɕyn35	ɕyn31
成都	uən45	uən21	tɕyn45	tɕyn45	ɕyn21
北京	uən55	uən35	tɕyn55	tɕyn55	ɕyn35 ɕin35

字/中古音	621 旬	622 云	623 允	624 邦	625 旁
四川方言点	臻合三平谆邪	臻合三平文云	臻合三上准以	江丌二平江帮	宕开一平唐並
盐亭	ɕyn31	yn31	yn51	paŋ35	phaŋ31
成都	ɕyn21	yn21	yn12	puŋ45	phaŋ21
北京	ɕyn35	yn35	yn214 z̞uən214	paŋ55	phaŋ35

字/中古音	626 芳	627 放	628 当	629 汤	630 糖
四川方言点	宕合三平阳敷	宕合三去漾非	宕开一平唐端	宕开一平唐透	宕开一平唐定
盐亭	faŋ35	faŋ324	taŋ35	thaŋ35	thaŋ31
成都	faŋ45	faŋ213	taŋ45	thaŋ45	thaŋ21
北京	faŋ55	faŋ51	tuŋ55	thaŋ55	thaŋ35

字/中古音	631 堂	632 桑	633 张	634 长短	635 肠
四川方言点	宕开一平唐定	宕开一平唐心	宕开三平阳知	宕开三平阳澄	宕开三平阳澄
盐亭	thaŋ31	sæn35	tsaŋ35	tshaŋ31	tshaŋ31
成都	thaŋ21	saŋ45	tsaŋ45	tshaŋ42	tshaŋ21
北京	thaŋ35	saŋ55	tʂaŋ55	tʂhaŋ35	tʂhaŋ35

字/中古音	636 常	637 唱	638 让	639 抗	640 行
四川方言点	宕开三平阳禅	宕开三去漾昌	宕开三去漾日	宕开一去宕溪	宕开一平唐匣
盐亭	saŋ31	tshaŋ324	zaŋ324	khaŋ324	xaŋ31
成都	saŋ21	tshaŋ213	zaŋ213	khaŋ213	xaŋ21
北京	tʂhaŋ35	tʂhaŋ51	z̞aŋ51	khaŋ51	xaŋ35

字/中古音	641 娘	642 亮	643 江	644 讲	645 香
四川方言点	宕开三平阳娘	宕开三去漾来	江开二平江见	江开二上讲见	宕开三平阳晓
盐亭	ȵiɐŋ31	liɐŋ324	tɕiɐŋ35	tɕiɐŋ51	ɕiɐŋ35
成都	ȵian21	nian213	tɕian45	tɕian42	ɕian45
北京	nian35	lian51	tɕian55	tɕian214	ɕian55

字/中古音	646 详	647 祥	648 巷	649 央	650 羊
四川方言点	宕开三平阳邪	宕开三平阳邪	江开二去绛匣	宕开三平阳影	宕开三平阳以
盐亭	ɕiɐŋ31	ɕiɐŋ31	xaŋ324	iɐŋ35	iɐŋ31
成都	ɕian21	ɕian21	xaŋ213	ian45	ian21
北京	ɕian35	ɕian35	ɕiaŋ51	iaŋ55	iaŋ35

字/中古音	651 仰	652 庄	653 桩	654 状	655 窗
四川方言点	宕开三上养疑	宕开三平阳庄	江开二平江知	宕开三去漾崇	江开二平江初
盐亭	ȵiɐŋ51	tsuaŋ35	tsuaŋ35	tsuaŋ324	tshuaŋ35
成都	ian42	tsuaŋ45	tsuaŋ45	tsuaŋ213	tshaŋ45
北京	iaŋ214	tʂuaŋ55	tʂuan55	tʂuaŋ51	tʂhuaŋ55

字/中古音	656 床	657 双	658 光	659 筐	660 狂
四川方言点	宕开三平阳崇	江开二平江生	宕合一平唐见	宕合三平阳溪	宕合三平阳群
盐亭	tshuaŋ31	suaŋ35	kuaŋ35	khuaŋ35	khuaŋ31
成都	tshuaŋ21	suaŋ45	kuaŋ45	khuaŋ45	khuaŋ21
北京	tʂhuaŋ35	ʂuaŋ55	kuaŋ55	khuaŋ55	khuaŋ35

字/中古音	661 黄	662 汪	663 来往	664 枉	665 网
四川方言点	宕合一平唐匣	宕合一平唐影	宕合三上养云	宕合三上养影	宕合三上养微
盐亭	xuaŋ31	uaŋ35	uaŋ51	uaŋ51	uaŋ51
成都	xuaŋ21	uaŋ45	uaŋ42	uaŋ42	uaŋ42
北京	xuaŋ35	uaŋ55	uaŋ214	uaŋ214	uaŋ214

字/中古音	666 忘	667 崩	668 朋	669 彭	670 棚
四川方言点	宕合三去漾微	曾开一平登帮	曾开一平登並	梗开二平庚並	梗开二平耕並
盐亭	uaŋ31	pen35	phəŋ31	phen31	phəŋ31
成都	uaŋ21	pən45 老 poŋ45 新	poŋ21	phən21	phoŋ21
北京	uaŋ51	pəŋ55	phəŋ35	phəŋ35	phəŋ35

字/中古音	671 孟	672 梦	673 风	674 封	675 等
四川方言点	梗开二去映明	通合二去送明	通合三平东非	通合三平锺非	曾开一上等端
盐亭	məŋ324	məŋ324	fəŋ35	fəŋ35	ten51
成都	moŋ213	moŋ213	foŋ45	foŋ45	tən42
北京	məŋ51	məŋ51	fəŋ55	fəŋ55	təŋ214

字/中古音	676 邓	677 能	678 冷	679 增	680 争
四川方言点	曾开一去嶝定	曾开一平登泥	梗开二上梗来	曾开一平登精	梗开二平耕庄
盐亭	ten324	len31	len51	tsen35	tsen35
成都	tən213	nən21	nən42	tsən45	tsən45
北京	təŋ51	nəŋ35	ləŋ214	tsəŋ55	tʂəŋ55

字/中古音	681 徵	682 郑	683 政	684 撑	685 成
四川方言点	曾开三平蒸知	梗开三去劲澄	梗开三去劲章	梗开二平庚彻	梗开三平清禅
盐亭	tsen35	tsen324	tsen324	tshen324 tshen35	tshen31
成都	tsən45	tsən213	tsən213	tʂhən45	tʂhən21
北京	tʂəŋ55	tʂəŋ51	tʂəŋ51	tʂhəŋ55	tʂhəŋ35

字/中古音	686 承	687 乘	688 橙	689 生	690 绳
四川方言点	曾开三平蒸禅	曾开三平蒸船	梗开二平耕澄	梗开二平庚生	曾开三平蒸船
盐亭	sen31 tshen31	sen31	tshen31	sen35	suən31

141

字/中古音	686 承	687 乘	688 橙	689 生	690 绳
成都	sən21 白 tʂhən21 文	sən21	tʂhən21	sən45	suən21
北京	tʂhəŋ35	tʂhəŋ35	tʂhəŋ35	ʂəŋ55	ʂəŋ35

字/中古音	691 剩	692 更换	693 更加	694 耕	695 坑
四川方言点	曾开三去证船	梗开二平庚见	梗开二去映见	梗开二平耕见	梗开二平庚溪
盐亭	sen324	ken35	ken324	ken35	khen35
成都	sən213	kən45	kən213	kən45	khən45
北京	ʂəŋ51	kəŋ55	kəŋ51	kəŋ55 tɕiŋ55	khəŋ55

字/中古音	696 恒	697 横竖	698 蛮横	699 冰	700 兵
四川方言点	曾开一平登匣	梗合二平庚匣	梗合二去映匣	曾开三平蒸帮	梗开三平庚帮
盐亭	xen31	xuən31	xuən31	pin35	pin35
成都	xən21	xuan21 白 xən21 文	xuən21	pin45	pin45
北京	xəŋ35	xəŋ35	xəŋ51	piŋ55	piŋ55

字/中古音	701 平	702 瓶	703 名	704 顶	705 宁
四川方言点	梗开三平庚並	梗开四平青並	梗开三平清明	梗开四上静端	梗开四平青泥
盐亭	phin31	phin31	min31	tin51	lin31
成都	phin21	phin21	min21	tin42	nin21
北京	phiŋ35	phiŋ35	miŋ35	tiŋ214	niŋ35

字/中古音	706 凝	707 陵	708 令	709 京	710 经
四川方言点	曾开三平蒸疑	曾开三平蒸来	梗开三去劲来	梗开三平庚见	梗开四平青见
盐亭	ȵin31	lin31	lin324	tɕin35	tɕin35
成都	ȵin21	nin21	nin213	tɕin45	tɕin45
北京	niŋ35	liŋ35	liŋ51	tɕiŋ55	tɕiŋ55

字/中古音	711 轻	712 清	713 庆	714 兴旺	715 高兴
四川方言点	梗开三平清溪	梗开三平清清	梗开三去映溪	曾开三平蒸晓	曾开三去证晓
盐亭	tɕhin35	tɕhin35	tɕhin324	ɕin35	ɕin324
成都	tɕhin45	tɕhin45	tɕhin213	ɕin45	ɕin213
北京	tɕhiŋ55	tɕhiŋ55	tɕhiŋ51	ɕiŋ55	ɕiŋ51

字/中古音	716 星	717 形	718 杏	719 幸	720 应该
四川方言点	梗开四平青心	梗开四平青匣	梗开二上梗匣	梗开二上耿匣	曾开三平蒸影
盐亭	ɕin35	ɕin31	xen324	ɕin324	in35
成都	ɕin45	ɕin21	xən213 白 ɕin213 文	ɕin213	in213
北京	ɕiŋ55	ɕiŋ35	ɕiŋ51	ɕiŋ51	iŋ55

字/中古音	721 应对	722 英	723 莺	724 樱	725 盈
四川方言点	曾开三去证影	梗开三平庚影	梗开二平耕影	梗开二平耕影	梗开三平清以
盐亭	in324	in35	in35	in35	in31
成都	in213	in45	in45	ŋən45 白 in45 文	in21
北京	iŋ51	iŋ55	iŋ55	iŋ55	iŋ35

字/中古音	726 营	727 硬	728 翁	729 冬	730 洞
四川方言点	梗合三平清以	梗开二去映疑	通合一平东影	通合一平冬端	通合一去送定
盐亭	yn31	ŋen324	oŋ35	toŋ35	toŋ324
成都	yn21 老 in21 新	ŋən213	oŋ45	toŋ45	toŋ213
北京	iŋ35	iŋ51	uəŋ55	tuŋ55	tuŋ51

字/中古音	731 农	732 龙	733 笼	734 隆	735 粽
四川方言点	通合一平冬泥	通合三平锺来	通合一平东来	通合三平东来	通合一去送精
盐亭	loŋ31	loŋ31	loŋ31	loŋ31	tsoŋ324
成都	noŋ21	noŋ21	noŋ21	noŋ21	tsoŋ213

字/中古音	731 农	732 龙	733 笼	734 隆	735 粽
北京	nuŋ35	luŋ35	luŋ35	luŋ35	tsuŋ51

字/中古音	736 宗	737 鬆	738 宋	739 诵	740 送
四川方言点	通合一平冬精	通合一平冬心	通合一去宋心	通合三去用邪	通合一去送心
盐亭	tsoŋ35	soŋ35	soŋ324	soŋ324	soŋ324
成都	tsoŋ45	soŋ45	soŋ213	soŋ213	soŋ213
北京	tsuŋ55	suŋ55	suŋ51	suŋ55	suŋ51

字/中古音	741 中	742 钟	743 充	744 绒	745 茸
四川方言点	通合三平东知	通合三平锺章	通合三平东昌	通合三平东日	通合三平锺日
盐亭	tsoŋ35	tsoŋ35	tshoŋ35	zoŋ31	zoŋ31
成都	tsoŋ45	tsoŋ45	tshoŋ45	zoŋ21	zoŋ21
北京	tʂuŋ55	tʂuŋ55	tʂhuŋ55	ʐ̩uŋ35	ʐ̩uŋ35

字/中古音	746 荣	747 融	748 弓	749 公	750 宫
四川方言点	梗合三平庚云	通合三平东以	通合三平东见	通合一平东见	通合三平东见
盐亭	yn31	zoŋ31	koŋ35	koŋ35	koŋ35
成都	yn21 老 ioŋ21 新	ioŋ21	koŋ45	koŋ45	koŋ45
北京	ʐ̩uŋ35	ʐ̩uŋ35	kuŋ55	kuŋ55	kuŋ55

字/中古音	751 恭	752 共	753 空	754 轰	755 弘
四川方言点	通合三平锺见	通合三去用群	通合一平东溪	梗合二平耕晓	曾合一平登匣
盐亭	koŋ35	koŋ324	khoŋ35	xoŋ35	xoŋ31
成都	koŋ45	koŋ213	khoŋ45	xoŋ45	xoŋ21
北京	kuŋ55	kuŋ51	khuŋ55	xuŋ55	xuŋ35

字/中古音	756 红	757 宏	758 穷	759 琼	760 兄
四川方言点	通合一平东匣	梗合二平耕匣	通合三平东群	梗合三平清群	梗合三平庚晓
盐亭	xoŋ31	xoŋ31	tɕhioŋ31	tɕhyn31	ɕioŋ35
成都	xoŋ21	xoŋ21	tɕhioŋ21	tɕhyn21	ɕioŋ45
北京	xuŋ35	xuŋ35	tɕhyuŋ35	tɕhyuŋ35	ɕyuŋ55

字/中古音	761 胸	762 永	763 勇	764 用	
四川方言点	通合三平锺晓	梗合三上梗云	通合三上肿以	通合三去用以	
盐亭	ɕioŋ35	yn51	ioŋ51	ioŋ324	
成都	ɕioŋ45	yn42 老 ioŋ42 新	ioŋ42	ioŋ213	
北京	ɕyuŋ55	yuŋ214	yuŋ214	yuŋ51	

2. 四川盐亭方言特字表

说　明

（1）按普通话音序排列。个别字在部分方言里不用或者罕见，在相应的位置空出不填。

（2）本表使用简体字。个别需要用繁、简体来区分音韵地位或不同用法的，使用繁体。"做"字《广韵》没有而《集韵》有，在字后加"＊"。

（3）声调用五度标调法表示，调值用数码写在音标的后面。一个调类只用一个调值来代表。

（4）文白异读的区别，分别在音标之后用"文""白"标注。新派和老派的区别，分别在音标之后用"新""老"标注。一字多音原则上分别注释义或者用例。无条件的"又读"音只罗列读音，不出释义或者用例。

（5）释义简短的直接放在音标的右下角，较长的出脚注。举例用"～"代表字目。

（6）全部表格用小五号字；附加意义说明的字用六号区别，如"底下""下降"。

字/中古音	1 打	2 大小	3 踏	4 拉	5 指甲
四川方言点	梗開二上梗端	果开一去箇定	咸开一入合透	咸开一入合来	咸开二入狎见
盐亭	tA 51	tA 324	thA 44	lA 35	tɕiA 44
成都	tA 42	tA 213	thA 21	nA 45	tɕiA 21
北京	tA 214	tA 51	thA 51	lA 55	tɕiA 214

字/中古音	6 放假	7 等一下子	8 特	9 择	10 泽
四川方言点	假开二去祃见	假开二去祃匣	曾开一入德定	梗开二入陌澄	梗开二入陌澄
盐亭	tɕiA 51	ɕiA 324	the44	tshe44	tshe44
成都	tɕiA 42	xiA 213	the21	tshe21	tshe21
北京	tɕiA 51	ɕiA 51	thɤ51	tsɤ35 / tʂai35	tsɤ35

字/中古音	11 侧	12 鹤	13 波	14 玻	15 泊
四川方言点	曾开三入职庄	宕开一入铎匣	果合一平戈帮	果合一平戈滂	宕开一入铎並
盐亭	tshe44	xə44	po35	po35	po44
成都	tshe21	xo21	po45	po45	phe21
北京	tshɤ51 / tsɤ51 / tʂai55	xɤ51 / xɑu35	po55	po55	po35 / pho51 / pho55

字/中古音	16 勃	17 坡	18 迫	19 做 *	20 锅
四川方言点	臻合一入没並	果合一平戈滂	梗开二入陌帮	遇合一去暮精	果合一平戈见
盐亭	pho44	pho35	pe44	tsu324	ko35
成都	phu21	pho45	phe21	tsu213	ko45
北京	po35	pho55	pho51	tsuo51	kuo55

字/中古音	21 茄	22 些	23 邪	24 鞋	25 写
四川方言点	果开三平戈群	假开三平麻心	假开三平麻邪	蟹开二平佳匣	假开三上马心
盐亭	tɕhi31	ɕi35	ɕie31	xai31	ɕi51
成都	tɕhie21	ɕi45	ɕie21	xai21	ɕie42

字/中古音	21茄	22些	23邪	24鞋	25写
北京	tɕhie35	ɕiɛ55	ɕiɛ35	ɕiɛ35	ɕiɛ214

字/中古音	26械	27睡觉	28嚼	29雀	30赐
四川方言点	蟹开二去怪匣	效开二去效见	宕开三入药从	宕开三入药精	止开三去寘心
盐亭	tɕiai324	tɕiɛu324	tɕiɛu31	tɕhio44	tshʅ324
成都	tɕiai213	tɕiau213	tɕiau21	tɕhio21	tshʅ213
北京	ɕiɛ51	tɕiau51	tɕiau35 tɕyɛ35	tɕhyɛ51 tɕiau214	tshʅ51

字/中古音	31伺	32值	33植	34殖	35隻量词
四川方言点	止开三去志心	曾开三入职澄	曾开三入职禅	曾开三入职禅	梗开三入昔章
盐亭	sʅ324	tsʅ44	tsʅ44	tsʅ44	tsʅ44
成都	sʅ213	tsʅ21	tsʅ21	tsʅ21	tsʅ45
北京	tshʅ51 sʅ51	tʂʅ35	tʂʅ35	tʂʅ35	tʂʅ55

字/中古音	36秩	37吃	38翅	39始	40式
四川方言点	臻开三入质澄	梗开四入锡溪	止开三去寘书	止开三上止书	曾开三入职书
盐亭	tshʅ44	tshʅ44	tsʅ44	sʅ51	sʅ324
成都	tshʅ21	tshʅ21	tsʅ213	sʅ42	sʅ213
北京	tʂʅ51	tʂhʅ55	tʂhʅ51	ʂʅ214	ʂʅ51

字/中古音	41饰	42鼻	43秘书	44堤	45隶
四川方言点	曾开三入职书	止开三去至並	止开三去至帮	蟹开四平齐端	蟹开四去霁来
盐亭	sʅ324	pi44	mi324	thi31	ti324
成都	sʅ213	pi21	mi21 新 pei213 老	thi21	ti213
北京	ʂʅ51	pi35	pi51 mi51	ti55 thi35	li51

字/中古音	46 辑	47 妓	48 技	49 季	50 缉
四川方言点	深开三入缉从	止开三上纸群	止开三上纸群	止合三去至见	深开三入缉清
盐亭	tɕi44	tɕi324	tɕi324	tɕi324	tɕi44
成都	tɕi21	tɕi213	tɕi213	tɕi213	tɕi21
北京	tɕi35	tɕi51	tɕi51	tɕi51	tɕi51 tɕi55

字/中古音	51 溪	52 卜	53 谱	54 瀑	55 腐
四川方言点	蟹开四平齐溪	通合一入屋帮	遇合一上姥帮	通合一入屋並	遇合三上虞奉
盐亭	tɕhi35	pho44	phu51	pɑu324	fu51
成都	tɕhi45	phu21	phu42	phu21	fu42
北京	tɕhi55 ɕi55	pu214	phu214	phu51 phu35	fu214

字/中古音	56 炒鱼肚	57 大肚子	58 突	59 族	60 触
四川方言点	遇合一上姥端	遇合一上姥定	臻合一入没定	通合一入屋从	通合三入烛昌
盐亭	tu51	tu324	tho44	tsho44	tso44
成都	tu42	tu213	thu21	tɕio21	tsu21
北京	tu214	tu51	thu35	tsu35	tʂhu51

字/中古音	61 殊	62 暑	63 鼠	64 乎	65 戊
四川方言点	遇合三平虞禅	遇合三上语书	遇合三上语书	遇合一平模匣	流开一去候明
盐亭	su35	su51	su51	fu31	vu324
成都	su45	su42	su42	fu21	vu213
北京	ʂu55	ʂu214	ʂu214	xu35	u51

字/中古音	66 屡	67 履	68 拘	69 屈	70 娶
四川方言点	遇合三去遇来	止开三上旨来	遇合三平虞见	臻合三入物溪	遇合三上虞清
盐亭	ləu51	ly51	tɕy35	tɕhio44	tɕy324
成都	nuei42	ny42	tɕy45	tɕhio21	tɕhy42
北京	ly214	ly214	tɕy55	tɕhy55	tɕhy214

字/中古音	71 去	72 婿	73 鱼	74 玉	75 宅
四川方言点	遇合三去御溪	蟹开四去霁心	遇合三平鱼疑	通合三入烛疑	梗开二入陌澄
盐亭	tɕhy324	ɕi44	y31	y324	tshe44
成都	tɕhy213 文 tɕhie213 白	ɕi213	y21	y213	tshe21 老 tsai42 新
北京	tɕhy51	ɕy51	y35	y51	tʂai35

字/中古音	76 概	77 块	78 会计	79 歪	80 佩
四川方言点	蟹开　去代见	蟹合一去队溪	蟹合一去泰见	蟹合二平佳晓	蟹合一去队並
盐亭	khai324	khuai51	khuai324	uai35	pei324
成都	khai213	khuai42	khuai213	uai45	phei213
北京	kai51	khuai51	khuai51	uai55	phei51

字/中古音	81 锐	82 瑞	83 惟	84 维	85 跑
四川方言点	蟹合三去祭以	止合三去真禅	止合三平脂以	止合三平脂以	效开二平肴並
盐亭	zuei324	suei324	uei31	uei31	phau51
成都	zuei213	suei213	uei21	uei21	phau42
北京	ʐuei51	ʐuei51	uei35	uei35	phau214 phau35

字/中古音	86 猫	87 造	88 搞	89 跳	90 角
四川方言点	效开二平肴明	效开一上从晧	效开二上巧见	效开四去啸透	江开二入觉见
盐亭	mɑu35	tshɑu324	kɑu51	thiɐu324	kə44 tɕio44
成都	mɑu45	tshɑu213	kɑu42	thiɑu213	tɕio21 文 ko21 白
北京	mɑu55	tsɑu51	kɑu214	thiɑu51	tɕiɑu214 tɕyɛ35

字/中古音	91 搅	92 淆	93 学校	94 肴	95 窅
四川方言点	效开二上巧见	效开二平肴匣	效开二去效匣	效开二平肴匣	效开三上小以
盐亭	tɕiɐu51	ɕiɐu31	ɕiɐu324	ɕiɐu31	iɐu51
成都	tɕiau42	ɕiau21	ɕiau213	ɕiau21	iau42
北京	tɕiau214	ɕiau35 iau35	ɕiau51	iau35 ɕiau35	iau214

字/中古音	96 剖	97 谋	98 肉	99 瓣	100 产
四川方言点	流开一上厚滂	流开三平尤明	通合三入屋日	山合一去换並	山开二上产生
盐亭	pho51	məŋ31	zəu324	phæn324	tʂhæn51
成都	pho42	moŋ21	zu21	phan213	tʂhan42
北京	pɑu55 phou214	mou35	ʐou51	phan51	tʂhan214

字/中古音	101 删	102 染	103 遍	104 茧	105 铅
四川方言点	山开二平删生	咸开三上琰日	山开四去霰帮	山开四上铣见	山合三平仙以
盐亭	suæn35	zæn51	phien324 pien324	tɕien51	tɕhien35 yɛn31
成都	suan45	zan42	phien213 老 pien213 新	tɕien42	tɕhien45
北京	ʂan55	ʐan214	pien51	tɕien214	tɕhien55

字/中古音	106 仙	107 先	108 掀	109 鲜	110 弦
四川方言点	山开三平仙心	山开四平先心	山开三平元晓	山开三平仙心	山开四平先匣
盐亭	ɕien35	ɕien35	ɕyɛn35	ɕyɛn35	ɕyɛn31
成都	ɕien45	ɕien45	ɕyɛn45	ɕyɛn45	ɕyɛn21
北京	ɕien55	ɕien55	ɕien55	ɕien55	ɕien35

字/中古音	111 县	112 沿	113 研	114 阮	115 缓
四川方言点	山合四去霰匣	山合三平仙以	山开四平先疑	山合三上阮疑	山合一上缓匣
盐亭	ɕien324	yɛn31	nien35	zuæn51	xuæn51

字/中古音	111 县	112 沿	113 研	114 阮	115 缓
成都	ɕiɛn213	yɛn21	nʲiɛn45	zuan42	xuan42
北京	ɕiɛn51	iɛn35	iɛn35	zˌuan214	xuan214

字/中古音	116 丸	117 完	118 皖	119 轩	120 癣
四川方言点	山合一平桓匣	山合一平桓匣	山合一上缓匣	山开三平元晓	山开三上狝心
盐亭	uæn31	uæn31	khuæn51	ɕyɛn35	ɕyɛn51
成都	uan21	uan21	khuan42	ɕyɛn45	ɕyɛn42
北京	uan35	uan214	uan214	ɕyɛn55	ɕyɛn214

字/中古音	121 贞	122 侦	123 深	124 品	125 津
四川方言点	梗开三平清知	梗开三平清彻	深开三平侵书	深开三上寝滂	臻开三平真精
盐亭	tsen35	tsen35	sen35	phin51	tɕin35
成都	tsən45	tsən45	sən45	phin42	tɕin45
北京	tʂən55	tʂən55	ʂən55	phin214	tɕin55

字/中古音	126 进	127 晋	128 侵	129 钦	130 秦
四川方言点	臻开三去震精	臻开三去震精	深开三平侵清	深开三平侵溪	臻开三平真从
盐亭	tɕin324	tɕin324	tɕhin324	tɕhin35	tɕhin31
成都	tɕin213	tɕin213	tɕhin213	tɕhin45	tɕhin21
北京	tɕin51	tɕin51	tɕhin55	tɕhin55	tɕhin35

字/中古音	131 信	132 尹	133 蚊	134 孕	135 防
四川方言点	臻开三去震心	臻合三上准以	臻合三平文微	曾开三去证以	宕合三平阳奉
盐亭	ɕin324	in51	uən31	zuən324	faŋ31
成都	ɕin213	yn42	uən21	zuən213	faŋ21
北京	ɕin51	in214	uən35	yn51	faŋ35

字/中古音	136 项	137 像	138 撞	139 况	140 同盟
四川方言点	江开二上讲匣	宕开三上养邪	江开二去绛澄	宕合三去漾晓	梗开三平庚明
盐亭	ɕiaŋ324	ɕiaŋ324	tshuaŋ51	khuaŋ324	maŋ31
成都	xaŋ213	tɕhiaŋ213	tsuaŋ213 新 tshuaŋ42 老	khuaŋ213	moŋ21
北京	ɕiaŋ51	ɕiaŋ51	tʂuaŋ51	khuaŋ51	məŋ35

字/中古音	141 僧	142 姓丁	143 好听	144 统	145 松树
四川方言点	曾开一平登心	梗开四平青端	梗开四平青透	通合一去宋透	通合三平锺邪
盐亭	sen35	tin35	thin35	thoŋ51	soŋ35
成都	sən45	tin45	thin45	thoŋ42	soŋ45
北京	səŋ55	tiŋ55	thiŋ55	thuŋ214	suŋ55

字/中古音	146 雄	147 熊			
四川方言点	通合三平东云	通合三平东云			
盐亭	ɕioŋ31	ɕioŋ31			
成都	ɕioŋ21	ɕioŋ21			
北京	ɕyuŋ35	ɕyuŋ35			

3. 四川射洪方言音表

说　明

（1）本表参考侯精一《现代汉语方言概论》一书中的《现代汉语方言音表》编排，字目及次序编号与之一致，以便查询。

（2）本表主要收录四川射洪方言点的常用字 764 字，后另有《四川射洪方言特字表》收录特字。

（3）收字按普通话音序排列，个别字在部分方言里不用或者罕见，在相应的位置空出不填。

（4）本表使用简体字。少数需要用繁、简体来区分音韵地位或不同用法的，使用繁体。"虾"字《广韵》没有而《集韵》有，在字后加"＊"。"丢"字《广韵》《集韵》均未收而后出，在字后加"＊＊"。

（5）声调用五度标调法表示，调值用数码写在音标的后面。一个调类只用一个调值来代表。

（6）文白异读的区别，分别在音标之后用"文""白"标注。新派和老派的区别，分别在音标之后用"新""老"标注。一字多音原则上分别注释义或者用例。无条件的"又读"音只罗列读音，不出释义或者用例。

（7）释义简短的直接放在音标的后面，较长的使用脚注。举例用"～"代表字目。

（8）所有表格用小五号字；附加意义说明的字用六号区别，如"底下""下降"。

字/中古音	1 巴	2 拔	3 髮	4 伐	5 法
四川方言点	假开二平麻帮	山开二入黠並	山合三入月非	山合三入月奉	咸合三入乏非
射洪	pʌ 45	phʌ 44	fʌ 44	fʌ 44	fʌ 44
成都	pʌ 45	pʌ 21	fʌ 21	fʌ 21	fʌ 21
北京	pʌ 55	pʌ 35	fʌ 51	fʌ 35	fʌ 214

字/中古音	6 达	7 答	8 塔	9 拿	10 纳
四川方言点	山开一入曷定	咸开一入合端	咸开一入盍透	假开二平麻娘	咸开一入合泥
射洪	tʌ 44	tʌ 44	thʌ 44	lʌ 31	lʌ 44
成都	tʌ 21	tʌ 21	thʌ 21	nʌ 21	nʌ 21
北京	tʌ 35	tʌ 55	thʌ 214	nʌ 35	nʌ 51

字/中古音	11 腊	12 辣	13 杂	14 撒	15 闸
四川方言点	咸开一入盍来	山开一入曷来	咸开一入合从	山开一入曷心	咸开二入洽崇
射洪	lʌ 44	lʌ 44	tsʌ 44	sʌ 51	tsʌ 44
成都	nʌ 21	nʌ 21	tsʌ 21	sʌ 42	tsʌ 21
北京	lʌ 51	lʌ 51	tsʌ 35	sʌ 55	tʂʌ 35

字/中古音	16 铡	17 油炸	18 叉	19 插	20 茶
四川方言点	山开二入辖崇	咸开二入洽崇	假开二平麻初	咸开二入洽初	假开二平麻澄
射洪	tsʌ 44	tsʌ 44	tshʌ 45 tshʌ 51	tshʌ 44	tshʌ 31
成都	tsʌ 21	tsʌ 213	tshʌ 45	tshʌ 21	tshʌ 21
北京	tʂʌ 35	tʂʌ 35	tʂhʌ 55	tʂhʌ 55	tʂhʌ 35

字/中古音	21 察	22 杀	23 沙	24 刹	25 家
四川方言点	山开二入黠初	山开二入黠生	假开二平麻生	山开二入辖初	假开二平麻见
射洪	tshʌ 31	sʌ 44	sʌ 45	sʌ 44	tɕiʌ 45
成都	tshʌ 21	sʌ 21	sʌ 45	sʌ 21	tɕiʌ 45
北京	tʂhʌ 35	ʂʌ 55	ʂʌ 55	tʂhʌ 51	tɕiʌ 55

字/中古音	26 甲	27 恰	28 鱼虾*	29 瞎	30 狭
四川方言点	咸开二入狎见	咸开二入洽溪	假开二平麻晓	山开二入辖晓	咸开二入洽匣
射洪	tɕiʌ 44	tɕhiʌ 44	ɕiʌ 45	ɕiʌ 44	ɕiʌ 31
成都	tɕiʌ 21	tɕhiʌ 21	ɕiʌ 45	ɕiʌ 21	ɕiʌ 21
北京	tɕiʌ 214	tɕhiʌ 51	ɕiʌ 55	ɕiʌ 55	ɕiʌ 35

字/中古音	31 底下	32 下降	33 鸦	34 鸭	35 牙
四川方言点	假开二上马匣	假开二去祃匣	假开二平麻影	咸开二入狎影	假开二平麻疑
射洪	xʌ 435 ɕiʌ 435	ɕiʌ 435	iʌ 45	iʌ 44	iʌ 31
成都	ɕiʌ 213	ɕiʌ 213	iʌ 45	iʌ 21	iʌ 21
北京	ɕiʌ 51	ɕiʌ 51	iʌ 55	iʌ 55	iʌ 35

字/中古音	36 崖	37 涯	38 抓	39 刷	40 瓜
四川方言点	蟹开二平佳疑	蟹开二平佳疑	效开二平肴庄	山合二入辖生	假合二平麻见
射洪	ŋai31	iʌ 31	tsuʌ 45	suʌ 44	kuʌ 45
成都	ŋai21	iʌ 21	tsuʌ 45	suʌ 21	kuʌ 45
北京	iʌ 35	iʌ 35	tʂuʌ 55	ʂuʌ 55	kuʌ 55

字/中古音	41 刮	42 挂	43 夸	44 滑	45 化
四川方言点	山合二入辖见	蟹合二去卦见	平麻溪	山合二入黠匣	假合二去祃晓
射洪	kuʌ 44	kuʌ 435	khuʌ 45	fʌ 44	fʌ 435
成都	kuʌ 21	kuʌ 213	khuʌ 45	xuʌ 21	xuʌ 213
北京	kuʌ 55	kuʌ 51	khuʌ 55	xuʌ 35	xuʌ 51

字/中古音	46 画	47 话	48 挖	49 瓦	50 袜
四川方言点	蟹合二去卦匣	蟹合二去夬匣	山合二入黠影	假合二上马疑	山合三入月微
射洪	fʌ 435	fʌ 435	uʌ 45	uʌ 51	uʌ 44
成都	xuʌ 213	xuʌ 213	uʌ 45	uʌ 42	uʌ 21
北京	xuʌ 51	xuʌ 51	uʌ 55	uʌ 214	uʌ 51

字/中古音	51 得	52 勒	53 则	54 责	55 测
四川方言点	曾开一入德端	曾开一入德来	曾开一入德精	梗开二入麦庄	曾开三入职初
射洪	te44	le44	tse44	tse44	tshe44
成都	te21	ne21	tse21	tse21	tshe21
北京	tɤ35 tei214	lɤ51	tsɤ35	tsɤ35	tshɤ51

字/中古音	56 策	57 色	58 涩	59 蛇	60 设
四川方言点	梗开二入麦初	曾开三入职生	深开三入缉生	假开三平麻船	山开三入薛书
射洪	tshe44	se44	se44	se31	se44
成都	tshe21	se21	se21	se21	se21
北京	tshɤ51	sɤ51 sai214	sɤ51	ʂɤ35	ʂɤ51

字/中古音	61 社	62 射	63 涉	64 惹	65 热
四川方言点	假开三上马禅	假开三去祃船	咸开三入叶禅	假开三上马日	山开三入薛日
射洪	se435	se435	se44	ze51	ze44
成都	se213	se213	se21	ze42	ze21

字/中古音	61 社	62 射	63 涉	64 惹	65 热
北京	ʂɤ51	ʂɤ51	ʂɤ51	z̺ɤ214	z̺ɤ51

字/中古音	66 鸽	67 割	68 歌	69 革	70 各
四川方言点	咸开一入合见	山开一入曷见	果开一平歌见	梗开二入麦见	宕开一入铎见
射洪	kə44	kə44	ko45	ke44	kə44
成都	ko21	ko21	ko45	ko21	ko21
北京	kɤ55	kɤ55	kɤ55	kɤ35	kɤ51

字/中古音	71 壳	72 刻	73 客	74 课	75 喝酒
四川方言点	江开二入觉溪	曾开一入德溪	梗开二入陌溪	果合一去过溪	咸开一入合晓
射洪	khə44	khe435 khe44	khe44	khə435	xə45
成都	kho21	khe21	khe21	kho213	xo45
北京	khɤ35 tɕhiɑu51	khɤ51	khɤ51	khɤ51	xɤ55

字/中古音	76 河	77 核	78 善恶	79 剥	80 婆
四川方言点	果开一平歌匣	梗开二入麦匣	宕开一入铎影	江开二入觉帮	果合一平戈并
射洪	xo31	xe44	ŋə44	pə44	pho31
成都	xo21	xe21	ŋo21	po21	pho21
北京	xɤ35	xɤ35	ɤ51	pɑu55 po55	pho35

字/中古音	81 破	82 末	83 莫	84 佛	85 舵
四川方言点	果合一去过滂	山合一入末明	宕开一入铎明	臻合三入物奉	果开一上哿定
射洪	pho435	mə44	mə44	fu44	to435
成都	pho213	mo21	mo21	fu21	to213
北京	pho51	mo51	mo51	fo35	tuo51

字/中古音	86 托	87 脱	88 妥	89 罗	90 骡
四川方言点	宕开一入铎透	山合一入末透	果合一上果透	果开一平歌来	果合一平戈来
射洪	thɵ44	thɵ44	tho51	lo31	lo31
成都	tho21	tho21	tho42	no21	no21
北京	thuo214	thuo55	thuo214	luo35	luo35

字/中古音	91 洛	92 左	93 作	94 坐	95 缩
四川方言点	宕开一入铎来	果开一上哿精	宕开一入铎精	果合一上果从	通合三入屋生
射洪	lɵ44	tso51	tsɵ44	tso435	sɵ44
成都	no21	tso42	tso21	tso213	so21
北京	luo51	tsuo214	tsuo51 tsuo55	tsuo51	suo55

字/中古音	96 所	97 捉	98 桌	99 酌	100 着衣
四川方言点	遇合三上语生	江开二入觉庄	江开二入觉知	宕开三入药章	宕开三入药知
射洪	so51	tsɵ44	tsɵ44	tsɵ44	tshɵ44 tsɵ44
成都	so42	tso21	tso21	tso21	tsau21
北京	suo214	tʂuo55	tʂuo55	tʂuo35	tʂuo35

字/中古音	101 睡着	102 戳	103 弱	104 郭	105 国
四川方言点	宕开三入药澄	江开二入觉彻	宕开三入药日	宕合一入铎见	曾合一入德见
射洪	tshɵ44 tsɵ44	tshɵ44	zɵ44	kue44	kue44
成都	tsho21	tsho21	zo21	kue21	kue21
北京	tʂau35	tʂhuo55	ʐuo51	kuo55	kuo35

字/中古音	106 阔	107 活	108 或	109 获	110 祸
四川方言点	山合一入末溪	山合一入末匣	曾合一入德匣	梗合二入麦匣	果合一上果匣
射洪	khue44	xɵ44	xue44	xue44	xɵ435
成都	khue21	xo21	xue21	xue21	xo213

157

字/中古音	106 阔	107 活	108 或	109 获	110 祸
北京	khuo51	xuo35	xuo51	xuo51	xuo51

字/中古音	111 霍	112 窝	113 卧	114 握	115 撇
四川方言点	宕合一入铎晓	果合一平戈影	果合一去过疑	江开二入觉影	山开四入屑滂
射洪	xo31	o45	o435	ɵ44	phie44
成都	xo21	o45	o213	o21	phie21
北京	xuo51	uo55	uo51	uo51	phiɛ214

字/中古音	116 灭	117 跌	118 帖	119 捏	120 聂
四川方言点	山开三入薛明	咸开四入帖端	咸开四入帖透	山开四入屑泥	咸开三入叶娘
射洪	mie44	tie44	tie44	ȵie45	ie44
成都	mie21	tie21	thie21	ȵie45	ȵie21
北京	miɛ51	tiɛ55	thiɛ55	niɛ55	niɛ51

字/中古音	121 镊	122 孽	123 列	124 劣	125 接
四川方言点	咸开三入叶娘	山开三入薛疑	山开三入薛来	山合三入薛来	咸开三入叶精
射洪	ȵie44	ȵie44	lie44	lie44	tɕie44
成都	ȵie21	ȵie21	nie21	nie21	tɕie21
北京	nie51	niɛ51	liɛ51	lyɛ51 liɛ51	tɕiɛ55

字/中古音	126 劫	127 揭	128 街	129 节	130 杰
四川方言点	咸开三入叶见	山开三入月见	蟹开二平佳见	山开四入屑精	山开三入薛群
射洪	tɕhie44	tɕhie44	kai45	tɕie44	tɕie44
成都	tɕie21	tɕie21	kai45	tɕie21	tɕie21
北京	tɕiɛ35	tɕiɛ55	tɕiɛ55	tɕiɛ35	tɕiɛ35

字/中古音	131 结	132 洁	133 解开	134 介	135 歇
四川方言点	山开四入屑见	山开四入屑见	蟹开二上蟹见	蟹开二去怪见	山开三入月晓
射洪	tɕie44	tɕie44	kai51 tɕiai51	tɕiai435	ɕie44
成都	tɕie21	tɕie21	tɕiai42 文 kai42 白	tɕiai213	ɕie21
北京	tɕiɛ35	tɕiɛ35	tɕiɛ214	tɕiɛ51	ɕiɛ55

字/中古音	136 协	137 胁	138 斜	139 谢	140 噎
四川方言点	咸开四入帖匣	咸开三入业晓	假开三平麻邪	假开三去祃邪	山开四入屑影
射洪	ɕie44	ɕie44	ɕie31	ɕie435	ji31
成都	ɕie21	ɕie21	ɕie21	ɕie213	ji21
北京	ɕiɛ35	ɕiɛ35	ɕiɛ35	ɕiɛ51	iɛ55

字/中古音	141 野	142 业	143 叶	144 虐	145 略
四川方言点	假开三上马以	咸开三入业疑	咸开三入叶以	宕开三入药疑	宕开三入药来
射洪	jie51	nie44	ie44	ioθ44	lioθ44
成都	ie42	nie21	ie21	io21	nio21
北京	iɛ214	iɛ51	iɛ51	nyɛ51	lyɛ51

字/中古音	146 决	147 绝	148 缺	149 确	150 靴
四川方言点	山合四入屑见	山合三入薛从	山合四入屑溪	江开二入觉溪	果合三平戈晓
射洪	tɕye44	tɕye44	tɕhye44	tɕhioθ44	ɕye45
成都	tɕye21	tɕye21	tɕhye21	tɕhio21	ɕye45
北京	tɕyɛ35	tɕyɛ35	tɕhyɛ55	tɕhyɛ51	ɕyɛ55

字/中古音	151 薛	152 穴	153 学	154 血	155 约
四川方言点	山开三入薛心	山合四入屑匣	江开二入觉匣	山合四入屑晓	宕开三入药影
射洪	ɕye44	ɕie44	ɕio44	ɕye44	ioθ44
成都	ɕye21	ɕie21	ɕio21	ɕye21	io21

字/中古音	151 薛	152 穴	153 学	154 血	155 约
北京	ɕyɛ55	ɕyɛ51 ɕyɛ35	ɕyɛ35	ɕiɛ214	yɛ55

字/中古音	156 月	157 岳	158 越	159 字	160 自
四川方言点	山合三入月疑	江开二入觉疑	山合三入月云	止开三去志从	止开三去至从
射洪	ye44	io44	ye44	tsɿ435	tsɿ435
成都	ye21	io21	ye21	tsɿ213	tsɿ213
北京	ye51	yɛ51	ye51	tsɿ51	tsɿ51

字/中古音	161 词	162 辞	163 斯	164 知	165 侄
四川方言点	止开三平之邪	止开三平之邪	止开三平支心	止开三平支知	臻开三入质澄
射洪	tshɿ31	tshɿ31	sɿ45	tsɿ45	tsɿ44
成都	tshɿ21	tshɿ21	sɿ45	tsɿ45	tsɿ21
北京	tshɿ35	tshɿ35	sɿ55	tʂʅ55	tʂʅ35

字/中古音	166 直	167 治	168 质	169 滞	170 迟
四川方言点	曾开三入职澄	止开三去志澄	臻开三入质章	蟹开三去祭澄	止开三平脂澄
射洪	tsɿ44	tsɿ435	tsɿ44	tshɿ435	tshɿ31
成都	tsɿ21	tsɿ213	tsɿ21	tshɿ213	tshɿ21
北京	tʂʅ35	tʂʅ51	tʂʅ51	tʂʅ51	tʂʅ35

字/中古音	171 匙	172 尺	173 齿	174 耻	175 师
四川方言点	止开三平支禅	梗开三入昔昌	止开三上止昌	止开三上止彻	止开三平脂生
射洪	sɿ31	tshɿ44	tshɿ51	tsɿ51	sɿ45
成都	sɿ45	tshɿ21	tshɿ42	tshɿ42	sɿ45
北京	tʂhʅ35	tʂhʅ214	tʂhʅ214	tʂhʅ214	ʂʅ55

字/中古音	176 施	177 狮	178 十	179 石	180 时
四川方言点	止开三平支书	止开三平脂生	深开三入缉禅	梗开三入昔禅	止开三平之禅
射洪	sʅ45	sʅ45	sʅ44	sʅ44	sʅ31
成都	sʅ45	sʅ45	sʅ21	sʅ21	sʅ21
北京	ʂʅ55	ʂʅ55	ʂʅ35	ʂʅ35	ʂʅ35

字/中古音	181 食	182 士	183 世	184 示	185 事
四川方言点	曾开三入职船	止开三上止崇	蟹开三去祭书	止开三去至船	止开三去志崇
射洪	sʅ44	sʅ435	sʅ435	sʅ435	sʅ435
成都	sʅ21	sʅ213	sʅ213	sʅ213	sʅ213
北京	ʂʅ35	ʂʅ51	ʂʅ51	ʂʅ51	ʂʅ51

字/中古音	186 视	187 日	188 贰心	189 逼	190 比
四川方言点	止开三去至禅	臻开三入质日	止开三去至日	曾开三入职帮	止开三上旨帮
射洪	sʅ435	zʅ44	ər435	pi435	pi51
成都	sʅ213	zʅ21	ər213	pie21 老 pi21 新	pi42
北京	ʂʅ51	zʅ 51	ər51	pi55	pi214

字/中古音	191 必	192 闭	193 碧	194 壁	195 披
四川方言点	臻开三入质帮	蟹开四去霁帮	梗开三入陌帮	梗开四入锡帮	止开三平支滂
射洪	pi44	pi435	pi44	pi44	phei45
成都	pi21 新 pie21 老	pi213	pi21 新 pie21 老	pi21 新 pie21 老	phei45
北京	pﾟi51	pi51	pi51	pi51	phi55 phei55

字/中古音	196 匹	197 米	198 笛	199 底	200 地
四川方言点	臻开三入质滂	蟹开四上荠明	梗开四入锡定	蟹开四上荠端	止开三去至定
射洪	phi31	mi51	ti44	ti51	ti435

字/中古音	196 匹	197 米	198 笛	199 底	200 地
成都	phi21	mi42	ti21 新 tie21 老	ti42	ti213
北京	phi214	mi214	ti35	ti214	ti51

字/中古音	201 尼	202 泥	203 逆	204 离	205 李
四川方言点	止开三平脂娘	蟹开四平齐泥	梗开三入陌疑	止开三平支来	止开三上止来
射洪	n̠i31	n̠i31	n̠ie44	li31	li51
成都	n̠i21	n̠i21	n̠i21 新 n̠ie21 老	ni21	ni42
北京	ni35	ni35	ni51	li35	li214

字/中古音	206 力	207 历	208 立	209 例	210 栗
四川方言点	曾开三入职来	梗开四入锡来	深开三入缉来	蟹开三去祭来	臻开三入质来
射洪	li44	li44 lie44	li44	li435	li51
成都	nie21 老 ni21 新	nie21 老 ni21 新	nie21 老 ni21 新	ni213	nie21 老 ni21 新
北京	li51	li51	li51	li51	li51

字/中古音	211 激	212 及	213 吉	214 极	215 集
四川方言点	梗开四入锡见	深开三入缉群	臻开三入质见	曾开三入职群	深开三入缉从
射洪	tɕie44	tɕie44	tɕi44	tɕie44	tɕi44
成都	tɕie21 老 tɕi21 新	tɕie21 老 tɕi21 新	tɕie21 老 tɕi21 新	tɕie21 老 tɕi21 新	tɕie21 老 tɕi21 新
北京	tɕi55	tɕi35	tɕi35	tɕi35	tɕi35

字/中古音	216 计	217 忌	218 祭	219 七	220 奇
四川方言点	蟹开四去霁见	止开三去志群	蟹开三去祭精	臻开三入质清	止开三平支群
射洪	tɕi435	tɕi435	tɕi435	tɕhi44	tɕhi31

字/中古音	216 计	217 忌	218 祭	219 七	220 奇
成都	tɕi213	tɕi213	tɕi213	tɕhie21 老 tɕhi21 新	tɕhi21
北京	tɕi51	tɕi51	tɕi51	tɕhi55	tɕhi35

字/中古音	221 气	222 器	223 西	224 吸	225 希
四川方言点	止开三去未溪	止开三去至溪	蟹开四平齐心	深开三入缉晓	止开三平微晓
射洪	tɕhi435	tɕhi435	ɕi45	tɕie44	ɕi45
成都	tɕhi213	tɕhi213	ɕi45	tɕie21 老 ɕi21 新	ɕi45
北京	tɕhi51	tɕhi51	ɕi55	ɕi55	ɕi55

字/中古音	226 息	227 习	228 席	229 喜	230 戏
四川方言点	曾开三入职心	深开三入缉邪	梗开三入昔邪	止开三上止晓	止开三去寘晓
射洪	ɕi44	ɕi44	ɕi44	ɕi51	ɕi435
成都	ɕie21 老 ɕi21 新	ɕie21 ɕi21 新	ɕie21 ɕi21 新	ɕi42	ɕi213
北京	ɕi55	ɕi35	ɕi35	ɕi214	ɕi51

字/中古音	231 衣	232 揖	233 宜	234 移	235 疑
四川方言点	止开三平微影	深开三入缉影	止开三平支疑	止开三平支以	止开三平之疑
射洪	i45	ji45	ȵi31	ji31	ȵi31
成都	ji45	ie21 老 ji45 新	ȵi21	ji21	ȵi21
北京	i55	i35	i35	i35	i35

字/中古音	236 义	237 艺	238 役	239 疫	240 步
四川方言点	止开三去寘疑	蟹开三去祭疑	梗合三入昔以	梗合三入昔以	遇合一去暮并
射洪	ȵi435	ȵi435	ie44	ie44	pu435
成都	ȵi213	ȵi213	io21	io21	pu213

字/中古音	236 义	237 艺	238 役	239 疫	240 步
北京	i51	i51	i51	i51	pu51

字/中古音	241 扑	242 母	243 亩	244 木	245 目
四川方言点	通合一入屋滂	流开一上厚明	流开一上厚明	通合一入屋明	通合三入屋明
射洪	phɵ44	mu51	moŋ51	mɵ44	mɵ44
成都	phu21	mu42	moŋ42	mu21	mu21
北京	phu55	mu214	mu214	mu51	mu51

字/中古音	246 服	247 妇	248 负	249 附	250 缚
四川方言点	通合三入屋奉	流开三上有奉	流开三上有奉	遇合三去遇奉	宕合三入药奉
射洪	fu44	fu435	fu435	fu435	fu44
成都	fu21	fu213	fu213	fu213	fu213
北京	fu35	fu51	fu51	fu51	fu51

字/中古音	251 杜	252 秃	253 土	254 奴	255 陆
四川方言点	遇合一上姥定	通合一入屋透	遇合一上姥透	遇合一平模泥	通合三入屋来
射洪	tu435	thɵ44	thu51	lu31	lu44
成都	tu213	thu21	thu42	nu21	nu21
北京	tu51	thu55	thu214	nu35	lu51

字/中古音	256 鹿	257 足	258 卒	259 俗	260 肃
四川方言点	通合一入屋来	通合三入精	臻合一入没精	通合三入烛邪	通合三入屋心
射洪	lu31	tɕiɵ44	tɕiɵ44	ɕiɵ44	ɕiɵ44
成都	nu21	tɕio21 老 tsu21 新	tɕio21 老 tsu21 新	ɕio21 老 su21 新	ɕio21 老 su21 新
北京	lu51	tsu35	tsu35	su35	su51

字/中古音	261 素	262 速	263 诸	264 猪	265 竹
四川方言点	遇合一去暮心	通合一入屋心	遇合三平鱼章	遇合三平鱼知	通合三入屋知
射洪	su435	ɕioɤ44	tsu45	tsu45	tsu44
成都	su213	ɕioɤ21 老 su21 新	tsu45	tsu45	tsu21
北京	su51	su51	tʂu55	tʂu55	tʂu35

字/中古音	266 烛	267 助	268 柱	269 住	270 出
四川方言点	通合三入烛章	遇合三去御崇	遇合三上澄	遇合三去遇澄	臻合三入术昌
射洪	tsu44	tsu435	tsu435	tsu435	tshu44
成都	tsu21	tsu213	tsu213	tsu213	tʂhu21
北京	tʂu35	tʂu51	tʂu51	tʂu51	tʂhu55

字/中古音	271 锄	272 楚	273 熟	274 术	275 树
四川方言点	遇合三平鱼崇	遇合三上语初	通合三入屋禅	臻合三入术船	遇合三去遇禅
射洪	tshu31	tshu51	su44	su435	su435
成都	tshu21	tshu42	su21	su213	su213
北京	tʂhu35	tʂhu214	ʂou35 ʂu35	ʂu51	ʂu51

字/中古音	276 数 动词	277 数 名词	278 如	279 儒	280 辱
四川方言点	遇合三上虞生	遇合三去遇生	遇合三平鱼日	遇合三平虞日	通合三入烛日
射洪	su51	su435	zu31	zu435	zu51
成都	su42	su213	zu21	zu21	zu21
北京	ʂu214	ʂu51	ʐu35	ʐu35	ʐu214

字/中古音	281 入	282 孤	283 骨	284 哭	285 酷
四川方言点	深开三入缉日	遇合一平模见	臻合一入没见	通合一入屋溪	通合一入沃溪
射洪	zu44	ku45	ku44	khu44	khə44
成都	zu21	ku45	ku21	khu21	khu213

字/中古音	281 人	282 孤	283 骨	284 哭	285 酷
北京	ʐu51	ku55	ku214 ku35	khu55	khu51

字/中古音	286 忽	287 户	288 乌	289 屋	290 武
四川方言点	臻合一入没晓	遇合一上姥匣	遇合一平模影	通合一入屋影	遇合三上麌微
射洪	xɵ44	fu435	wu45	wu44	wu51
成都	fu21	fu213	vu45	vu21	vu42
北京	xu55	xu51	u55	u55	u214

字/中古音	291 物	292 女	293 驴	294 吕	295 律
四川方言点	臻合三入物微	遇合三上语娘	遇合三平鱼来	遇合三上语来	臻合三入术来
射洪	wu44	ly51	lu31	ly51	lɵ44
成都	vu21	nȵy42	ny21	ny42	nu21
北京	u51	ny214	ly35	ly214	ly51

字/中古音	296 绿	297 鞠	298 局	299 菊	300 橘
四川方言点	通合三入烛来	通合三入屋见	通合三入烛群	通合三入屋见	臻合三入术见
射洪	lu44	tɕy44	tɕy44	tɕy44	tɕy44
成都	nu21 白 ny21 文	tɕhio21 老 tɕhy21 新	tɕy21	tɕy21	tɕy21
北京	ly51	tɕy55	tɕy35	tɕy35	tɕy35

字/中古音	301 句	302 巨	303 聚	304 曲	305 戌
四川方言点	遇合三去遇见	遇合三上语群	遇合三上麌从	通合三入烛溪	臻合三入术心
射洪	tɕy435	tɕy435	tɕy435	tɕhiɵ44	ɕiɵ44
成都	tɕy213	tɕy213	tɕy42	tɕhio21 tɕhy21	ɕio21 老 ɕy21 新
北京	tɕy51	tɕy51	tɕy51	tɕhy214	ɕy55

字/中古音	306 徐	307 许	308 序	309 馀	310 愚
四川方言点	遇合三平鱼邪	遇合三上语晓	遇合三上语邪	遇合三平鱼以	遇合三平虞疑
射洪	ɕy31	ɕy51	ɕy435	y31	y31
成都	ɕy21	ɕy42	ɕy213	y21	y21
北京	ɕy35	ɕy214	ɕy51	y35	y35

字/中古音	311 育	312 狱	313 白	314 败	315 拜
四川方言点	通合三入屋以	通合三入烛疑	梗开二入陌并	蟹开二去夬并	蟹开二去怪帮
射洪	ioɵ44	ioɵ44	pe44	pai435	pai435
成都	io21	io21	pe21	pai213	pai213
北京	y51	y51	pɤi35	pai51	pai51

字/中古音	316 派	317 买	318 麦	319 代	320 泰
四川方言点	蟹开二去卦滂	蟹开二上蟹明	梗开二入麦明	蟹开一去代定	蟹开一去泰透
射洪	phai435	mai51	me44	tai435	thai435
成都	phai213	mai42	me21	tai213	thai213
北京	phai51	mai214	mai51	tai51	thai51

字/中古音	321 奶	322 赖	323 灾	324 再	325 在
四川方言点	蟹开二上蟹娘	蟹开一去泰来	蟹开一平咍精	蟹开一去代精	蟹开一上海从
射洪	lai51	lai435	tsai45	tsai435	tsai435
成都	nai42	nai213	tsai45	tsai213	tsai213
北京	nai214	lai51	tsai55	tsai51	tsai51

字/中古音	326 采	327 蔡	328 腮	329 赛	330 斋
四川方言点	蟹开一上海清	蟹开一去泰清	蟹开一平咍心	蟹开一去代心	蟹开二平皆庄
射洪	tshai51	tshai435	sai45	sai435	tsai45
成都	tshai42	tshai213	sai45	sai213	tsai45
北京	tshai214	tshai51	sai55	sai51	tʂai55

字/中古音	331 摘	332 窄	333 债	334 寨	335 拆
四川方言点	梗开二入麦知	梗开二入陌庄	蟹开二去卦庄	蟹开二去夬崇	梗开二入陌彻
射洪	tse44	tse44	tsai435	tsai435	tshe44
成都	tse21	tse21	tsai213	tsai213	tshe21
北京	tʂai55	tʂai214	tʂai51	tʂai51	tʂhai55

字/中古音	336 柴	337 筛	338 晒	339 该	340 楷
四川方言点	蟹开二平佳崇	蟹开二平佳生	蟹开二去卦生	蟹开一平哈见	蟹开二上骇溪
射洪	tshai31	sai45	sai435	kai45	khai51
成都	tshai21	sai45	sai213	kai45	khai42
北京	tʂhai35	ʂai55	ʂai51	kai55	khai214

字/中古音	341 海	342 亥	343 害	344 哀	345 矮
四川方言点	蟹开一上海晓	蟹开一上海匣	蟹开一去泰匣	蟹开一平哈影	蟹开二上蟹影
射洪	xai51	xai435	xai435	ŋai45	ŋai51
成都	xai42	xai213	xai213	ŋai45	ŋai42
北京	xai214	xai51	xai51	ai55	ai214

字/中古音	346 艾	347 揣	348 衰	349 帅	350 怪
四川方言点	蟹开一去泰疑	止合三上纸初	止合三平脂生	止合三去至生	蟹合二去怪见
射洪	ŋai435	tshuai45	suai45	suai435	kuai435
成都	ŋai213	tshuai45	suai45	suai213	kuai213
北京	ai51	tʂhuai55	ʂuai55	ʂuai51	kuai51

字/中古音	351 快	352 怀	353 外	354 卑	355 碑
四川方言点	蟹合二去夬溪	蟹合二平皆匣	蟹合一去泰疑	止开三平支帮	止开三平支帮
射洪	khuai435	fai31	uai435	pei45	pei45
成都	khuai213	xuai21	uai213	pei45	pei45
北京	khuai51	xuai35	uai51	pei55	pei55

字/中古音	356 北	357 倍	358 没	359 梅	360 肥
四川方言点	曾开一入德帮	蟹合一上贿並	臻合一入没明	蟹合一平灰明	止合三平微奉
射洪	peɤ44	pei435	moɤ45 moɤ44	mei31	fei31
成都	peɤ21	pei213	moɤ21	mei21	fei21
北京	pei214	pei51	mei35	mei35	fei35

字/中古音	361 肺	362 费	363 内	364 类	365 累积
四川方言点	蟹合三去废敷	止合三去未敷	蟹合一去队泥	止合三去至来	止合三上纸来
射洪	fei435	fei435	luei435	luei435	luei51
成都	fei213	fei213	nuei213	nuei213	nuei42
北京	fei51	fei51	nei51	lei51	lei214

字/中古音	366 连累	367 贼	368 黑	369 堆	370 兑
四川方言点	止合三去真来	曾开一入德从	曾开一入德晓	蟹合一平灰端	蟹合一去泰定
射洪	luei435	tseɤ44	xeɤ44	tuei45	tuei435
成都	nuei213	tsuei21	xeɤ21	tuei45	tuei213
北京	lei51	tsei35	xei55	tuei55	tuei51

字/中古音	371 推	372 退	373 嘴	374 最	375 罪
四川方言点	蟹合一平灰透	蟹合一去队透	止合三上纸精	蟹合一去泰精	蟹合一上贿从
射洪	thuei45	thuei435	tsuei51	tsuei435	tsuei435
成都	thuei45	thuei213	tsuei42	tsuei213	tsuei213
北京	thuei55	thuei51	tsuei214	tsuei51	tsuei51

字/中古音	376 脆	377 翠	378 虽	379 岁	380 追
四川方言点	蟹合三去祭清	止合三去至清	止合三平脂心	蟹合三去祭心	止合三平脂知
射洪	tshuei435	tshuei435	ɕy45	suei435	tsuei45
成都	tshuei213	tshuei213	ɕy45 老 suei45 新	suei213	tsuei45
北京	tshuei51	tshuei51	suei55	suei51	tsuei55

字/中古音	381 锥	382 垂	383 谁	384 水	385 归
四川方言点	止合三平脂章	止合三平支禅	止合三平脂禅	止合三上旨书	止合三平微见
射洪	tsuei45	tshuei31	suei31	suei51	kuei45
成都	tsuei45	tshuei21	suei21	suei42	kuei45
北京	tʂuei55	tʂhuei35	ʂei35 ʂuei35	ʂuei214	kuei55

字/中古音	386 柜	387 桂	388 亏	389 灰	390 徽
四川方言点	止合三去至群	蟹合四去霁见	止合三平支溪	蟹合一平灰晓	止合三平微晓
射洪	kuei435	kuei435	khuei45	fei45	fei45
成都	kuei213	kuei213	khuei45	xuei45	xuei45
北京	kuei51	kuei51	khuei55	xuei55	xuei55

字/中古音	391 开会	392 惠	393 毁	394 危	395 威
四川方言点	蟹合一去泰匣	蟹合四去霁匣	止合三上纸晓	止合三平支疑	止合三平微影
射洪	fuei435	fei435	fei51	uei31	uei45
成都	xuei213	xuei213	xuei42	uei45	uei45
北京	xuei51	xuei51	xuei214	uei55	uei55

字/中古音	396 卫	397 位	398 味	399 炮	400 袍
四川方言点	蟹合三去祭云	止合三去至云	止合三去未微	效开二去效滂	效开一平豪並
射洪	uei435	uei435	uei435	phau435	phau31
成都	uei213	uei213	uei213	phau213	phau21
北京	uei51	uei51	uei51	phau51	phau35

字/中古音	401 茂	402 帽	403 貌	404 刀	405 闹
四川方言点	流开一去候明	效开一去号明	效开二去效明	效开一平豪端	效开二去效娘
射洪	moŋ435	mau435	mau435	tau45	lau435
成都	moŋ213	mau213	mau213	tau45	nau213
北京	mau51	mau51	mau51	tau55	nau51

字/中古音	406 牢	407 草	408 赵	409 罩	410 炒
四川方言点	效开一平豪来	效开一上晧清	效开三上小澄	效开二去效知	效开二上巧初
射洪	lau31	tshau51	tsau435	tsau435	tshau51
成都	nau21	tshau42	tsau213	tsau213	tshau42
北京	lau35	tshau214	tʂau51	tʂau51	tʂhau214

字/中古音	411 绍	412 围绕	413 绕线	414 告	415 毫
四川方言点	效开三上小禅	效开三上小日	效开三去笑日	效开一去号见	效开一平豪匣
射洪	sau435	zau51	zau435	kau435	xau31
成都	sau213	zau213	zau213	kau213	xau21
北京	ʐau51	ʐ̩au51 ʐ̩au214	ʐ̩au51	kau51	xau35

字/中古音	416 奥	417 彪	418 飘	419 条	420 鸟
四川方言点	效开一去号影	流开三平幽帮	效开三平宵滂	效开四平萧定	效开四上筱端
射洪	ŋau435	piɐu45	phiɐu45	thiɐu31	ȵiɐu51
成都	ŋau213	piau45	phiau45	thiau21	ȵiau42
北京	au51	piau55	phiau55	thiau35	niau214

字/中古音	421 叫	422 轿	423 敲	424 削	425 消
四川方言点	效开四去啸见	效开三去笑群	效开二平肴溪	宕开三入药心	效开三平宵心
射洪	tɕiɐu435	tɕiɐu435	khau45 tɕhiɐu45	ɕye44	ɕiɐu45
成都	tɕiau213	tɕiau213	khau45 老 tɕhiau45 新	ɕye21	ɕiuu45
北京	tɕiau51	tɕiau51	tɕhiau55	ɕiau55	ɕiau55

字/中古音	426 晓	427 孝	428 妖	429 摇	430 咬
四川方言点	效开四上筱晓	效开二去效晓	效开三平宵影	效开三平宵以	效开二上巧疑
射洪	ɕiɐu51	ɕiɐu435	iɐu45	iɐu31	ȵiɐu51

字/中古音	426 晓	427 孝	428 妖	429 摇	430 咬
成都	ɕiau42	ɕiau213	iau45	iau21	ȵiau42 ŋau42
北京	ɕiau214	ɕiau51	iau55	iau35	iau214

字/中古音	431 某	432 豆	433 头	434 漏	435 走
四川方言点	流开一上厚明	流开一去候定	流开一平侯定	流开一去候来	流开一上厚精
射洪	məŋ51	təu435	thəu31	ləu435	tsəu51
成都	moŋ42	təu213	thəu21	nəu213	tsəu42
北京	mou214	tou51	thou35	lou51	tsou214

字/中古音	436 周	437 仇	438 绸	439 愁	440 寿
四川方言点	流开三平尤章	流开三平尤禅	流开三平尤澄	流开三平尤崇	流开三去宥禅
射洪	tsəu45	tshəu31	tshəu31	tshəu31	səu435
成都	tsəu45	tshəu21	tshəu21	tshəu21	səu213
北京	tʂou55	tʂhou35	tʂhou35	tʂhou35	ʂou51

字/中古音	441 瘦	442 柔	443 肉	444 沟	445 口
四川方言点	流开三去宥生	流开三平尤日	通合三入屋日	流开三平侯见	流开一上厚溪
射洪	səu435	zəu31	zəu435	kəu45	khəu51
成都	səu213	zəu21	zu21	kəu45	khəu42
北京	ʂou51	z̩ou35	z̩ou51	kou55	khou214

字/中古音	446 侯	447 猴	448 厚	449 藕	450 丢＊＊
四川方言点	流开一平侯匣	流开一平侯匣	流开一上厚匣	流开一上厚疑	流开三平幽端
射洪	xəu31	xəu31	xəu435	ŋəu51	tiəu45
成都	xəu21	xəu21	xəu213	ŋəu42	tiəu45
北京	xou35	xou35	xou51	ou214	tiou55

字/中古音	451 牛	452 纽	453 纠	454 舅	455 秋
四川方言点	流开三平尤疑	流开三上有娘	流开三上黝见	流开三上有群	流开三平尤清
射洪	ȵiəu31	ȵiəu51	tɕiəu45	tɕiəu435	tɕhiəu45
成都	ȵiəu21	ȵiəu42	tɕiəu45	tɕiəu213	tɕhiəu45
北京	niou35	niou214	tɕiou55	tɕiou51	tɕhiou55

字/中古音	456 囚	457 休	458 袖	459 忧	460 幽
四川方言点	流开三平尤邪	流开三平尤晓	流开三去宥邪	流开三平尤影	流开三平幽影
射洪	ɕiəu31	ɕiəu45	ɕiəu435	iəu45	iəu45
成都	ɕiəu21	ɕiəu45	ɕiəu213	iəu45	iəu45
北京	tɕhiou35 tɕhiou55	ɕiou55	ɕiou51	iou55	iou55

字/中古音	461 由	462 板	463 办	464 判	465 盼
四川方言点	流开三平尤以	山开二上潸帮	山开二去裥并	山合一去换滂	山开二去裥滂
射洪	iəu31	pæn51	pæn435	phæn435	phæn435
成都	iəu21	pan42	pan213	phan213	phan213
北京	iou35	pan214	pan51	phan51	phan51

字/中古音	466 慢	467 翻	468 凡	469 姓范	470 泛
四川方言点	山开二去谏明	山合三平元敷	咸合三平凡奉	咸合三上范奉	咸合三去梵奉
射洪	mæn435	fæn45	fæn31	fæn435	fæn435
成都	man213	fan45	fan21	fan213	fan213
北京	man51	fan55	fan35	fan51	fan51

字/中古音	471 单	472 贪	473 谈	474 潭	475 南
四川方言点	山开一平寒端	咸开一平谭透	咸开一平谈定	咸开一平谭定	咸开一平谭泥
射洪	tæn45	thæn45	thæn31	thæn31	læn31
成都	tan45	than45	than21	than21	nan21
北京	tan55	than55	than35	than35	nan35

字/中古音	476 难易	477 遭难	478 蓝	479 暂	480 赞
四川方言点	山开一平寒泥	山开一去翰泥	咸开一平谈来	咸开一去阚从	山开一去翰精
射洪	læn31	læn435	læn31	tsæn435	tsæn435
成都	nan21	nan213	nan21	tsan213	tsan213
北京	nan35	nan51	lan35	tṣan214 tsan51	tsan51

字/中古音	481 餐	482 蚕	483 惨	484 沾	485 斩
四川方言点	山开一平寒清	咸开一平谭从	咸开一上感清	咸开三平盐知	咸开二上豏庄
射洪	tshæn45	tshæn31	tshæn51	tsæn45	tsæn51
成都	tshan45	tshan21	tshan42	tsan45	tsan42
北京	tshan55	tshan35	tshan214	tṣan55	tṣan214

字/中古音	486 展	487 衫	488 山	489 陕	490 扇子
四川方言点	山开三上狝知	咸开二平衔生	山开二平山生	咸开三上琰书	山开三去线书
射洪	tsæn51	sæn45	sæn45	sæn51	sæn435
成都	tsan42	san45	san45	san42	san213
北京	tṣan214	ṣan55	ṣan55	ṣan214	ṣan51

字/中古音	491 然	492 干旱	493 敢	494 感	495 看守
四川方言点	山开三平仙日	山开一平寒见	咸开一上敢见	咸开一上感见	山开一平寒溪
射洪	zæn31	kæn45	kæn51	kæn51	khæn45
成都	zan21	kan45	kan42	kan42	khan213
北京	ʐan35	kan55	kan214	kan214	khan55

字/中古音	496 看见	497 含	498 汉	499 安	500 庵
四川方言点	山开一去翰溪	咸开一平谭匣	山开一去翰晓	山开一平寒影	咸开一平谭影
射洪	khæn435	xæn31	xæn435	ŋæn45	ŋæn45
成都	khan213	xan21	xan213	ŋan45	ŋan45
北京	khan51	xan35	xan51	an55	an55

字/中古音	501 边	502 贬	503 辨	504 片	505 棉
四川方言点	山开四平先帮	咸开三上琰帮	山开三上狝並	山开四去霰滂	山开三平仙明
射洪	piɛn45	piɛn51	piɛn435	phiɛn435	miɛn31
成都	piɛn45	piɛn21	piɛn213	phiɛn213	miɛn21
北京	piɛn55	piɛn214	piɛn51	phiɛn51	miɛn35

字/中古音	506 典	507 店	508 甜	509 年	510 念
四川方言点	山开四上铣端	咸开四去㮇端	咸开四平添定	山开四平先泥	咸开四去㮇泥
射洪	tiɛn51	tiɛn435	thiɛn31	ȵiɛn31	ȵiɛn435
成都	tiɛn42	tiɛn213	thiɛn21	ȵiɛn21	ȵiɛn213
北京	tiɛn214	tiɛn51	thiɛn35	niɛn35	niɛn51

字/中古音	511 联	512 廉	513 恋	514 奸	515 监
四川方言点	山开三平仙来	咸开三平盐来	山合三去线来	山开二平删见	咸开二平衔见
射洪	liɛn31	liɛn31	liɛn435	tɕiɛn45	tɕiɛn45
成都	niɛn21	niɛn21	niɛn213	tɕiɛn45	tɕiɛn45
北京	liɛn35	liɛn35	liɛn51	tɕiɛn55	tɕiɛn55

字/中古音	516 减	517 剪	518 件	519 健	520 千
四川方言点	咸开二上豏见	山开三上狝精	山开三上狝群	山开三去愿群	山开四平先清
射洪	tɕiɛn51	tɕiɛn51	tɕiɛn435	tɕiɛn435	tɕhiɛn45
成都	tɕiɛn42	tɕiɛn42	tɕiɛn213	tɕiɛn213	tɕhiɛn45
北京	tɕiɛn214	tɕiɛn214	tɕiɛn51	tɕiɛn51	tɕhiɛn55

字/中古音	521 谦	522 前	523 钱	524 咸	525 衔
四川方言点	咸开四平添溪	山开四平先从	山开三平仙从	咸开二平咸匣	咸开二平衔匣
射洪	tɕhiɛn45	tɕhiɛn31	tɕhiɛn31	xæn31	xæn31
成都	tɕhiɛn45	tɕhiɛn21	tɕhiɛn21	xan21	xan21
北京	tɕhiɛn55	tɕhiɛn35	tɕhiɛn35	ɕiɛn35	ɕiɛn35

字/中古音	526 嫌	527 闲	528 贤	529 险	530 陷
四川方言点	咸开四平添匣	山开二平山匣	山开四平先匣	咸开三上琰晓	咸开二去陷匣
射洪	ɕien31	xæn31 ɕien31	ɕien31	ɕien51	xæn435
成都	ɕien21	ɕien21	ɕien21	ɕien42	xan213
北京	ɕien35	ɕien35	ɕien35	ɕien214	ɕien51

字/中古音	531 限	532 宪	533 腌	534 烟	535 严
四川方言点	山开二上产匣	山开三去愿晓	咸开三平严影	山开四平先影	咸开三平严疑
射洪	ɕien435	ɕien435	ien45	ien45	ɲien31
成都	ɕien213	ɕien213	ien45	ien45	ɲien21
北京	ɕien51	ɕien51	ien55	ien55	ien35

字/中古音	536 盐	537 言	538 眼	539 演	540 厌
四川方言点	咸开三平盐以	山开三平元疑	山开二上产疑	山开三上狝以	咸开三去艳影
射洪	ien31	ien31	ien51	ien51	ien435
成都	ien21	ien21	ien42	ien42	ien213
北京	ien35	ien35	ien214	ien214	ien51

字/中古音	541 砚	542 验	543 团	544 乱	545 算
四川方言点	山开四去霰疑	咸开三去艳疑	山合一平桓定	山合一去换来	山合一去换心
射洪	ɲien435	ɲien435	thuæn31	luæn435	suæn435
成都	ɲien213	ɲien213	thuan21	nuan213	suan213
北京	ien51	ien51	thuan35	luan51	suan51

字/中古音	546 篆	547 船	548 闩	549 软	550 官
四川方言点	山合三上狝澄	山合三平仙船	山合二平删生	山合三上狝日	山合一平桓见
射洪	tsuæn435	tshuæn31	suæn435	zuæn51	kuæn45
成都	tsuan213	tshuan21	suan213	zuan42	kuan45
北京	tʂuan51	tʂhuan35	ʂuan55	ʐuan214	kuan55

字/中古音	551 惯	552 欢	553 还	554 环	555 幻
四川方言点	山合二去谏见	山合一平桓晓	山合二平删匣	山合二平删匣	山合二去裥匣
射洪	kuæn435	fæn45	fæn31 xai31	fæn31	fæn435
成都	kuan213	xuan45	xuan21	xuan21	xuan213
北京	kuan51	xuan55	xuan35	xuan35	xuan51

字/中古音	556 换	557 弯	558 晚	559 碗	560 全
四川方言点	山合一去换匣	山合二平删影	山合三上阮微	山合一上缓影	山合二平仙从
射洪	fæn435	uæn45	uæn51	uæn51	tɕhyɛn31
成都	xuan213	uan45	uan42	ʋan42	tɕhyʮ21
北京	xuan51	uan55	uan214	uan214	tɕhyɛn35

字/中古音	561 元	562 园	563 院	564 本	565 分
四川方言点	山合三平元疑	山合三平元云	山合三去线云	臻合一上混帮	臻合三平文非
射洪	yɛn31	yɛn31	uæn435 yɛn435	pen51	fen45
成都	yɛn21	yɛn21	yɛn213	pən42	fən45
北京	yɛn35	yɛn35	ycn51	ʋən214	fən55

字/中古音	566 嫩	567 森	568 臻	569 沉	570 辰
四川方言点	臻合一去恩泥	深开三平侵生	臻开三平臻庄	深开三平侵澄	臻开三平真禅
射洪	len435	sen45	tsen45	tshen31	sen31
成都	nən213	sən45	tsən45	tshən21	sən21
北京	nən51 nuən51	sən55	tʂən55	tʂhən35	tʂhən35

字/中古音	571 陈	572 晨	573 衬	574 身	575 神
四川方言点	臻开三平真澄	臻开三平真禅	臻开三去震初	臻开三平真书	臻开三平真船
射洪	tshen31	sen31	tshen435	sen45	sen31
成都	tsən21	sən21	tshən213	sən45	sən21

字/中古音	571 陈	572 晨	573 衬	574 身	575 神
北京	tʂhən35	tʂhən35	tʂhən51	ʂən55	ʂən35

字/中古音	576 审	577 人	578 壬	579 姓任	580 忍
四川方言点	深开三上寝书	臻开三平真日	深开三平侵日	深开三平侵日	臻开三上轸日
射洪	sen51	zen31	zen31	zen31	zen51
成都	sən42	zən21	zən213	zən21	zən42
北京	ʂən214	z̻ən35	z̻ən35	z̻ən35	z̻ən214

字/中古音	581 责任	582 跟	583 肯	584 恨	585 恩
四川方言点	深开三去沁日	臻开一平痕见	曾开一上等溪	臻开一去恨匣	臻开一平痕影
射洪	zen435	ken45	khen51	xen435	ŋen45
成都	zən213	kən45	khən42	xən213	ŋən45
北京	z̻ən51	kən55	khən214	xən51	ən55

字/中古音	586 贫	587 敏	588 邻	589 林	590 巾
四川方言点	臻开三平真並	臻开三上轸明	臻开三平真来	深开三平侵来	臻开三平真见
射洪	phin31	min51	lin31	lin31	tɕin45
成都	phin21	min42	nin21	nin21	tɕin45
北京	phin35	min214	lin35	lin35	tɕin55

字/中古音	591 斤	592 金	593 近	594 心	595 欣
四川方言点	臻开三平殷见	深开三平侵见	臻开三上隐群	深开三平侵心	臻开三平殷晓
射洪	tɕin45	tɕin45	tɕin435	ɕin45	ɕin45
成都	tɕin45	tɕin45	tɕin213	ɕin45	ɕin45
北京	tɕin55	tɕin55	tɕin51	ɕin55	ɕin55

字/中古音	596 新	597 因	598 音	599 银	600 隐
四川方言点	臻开三平真心	臻开三平真影	深开三平侵影	臻开三平真疑	臻开三上隐影
射洪	ɕin45	in45	in45	in31	in51
成都	ɕin45	in45	in45	in21	in42
北京	ɕin55	in55	in55	in35	in214

字/中古音	601 顿	602 吞	603 遵	604 存	605 孙
四川方言点	臻合一去慁端	臻开一平痕透	臻合三平谆精	臻合一平魂从	臻合一平魂心
射洪	ten435	then45	tsen45	tshen31	sen45
成都	tən213	thən45	tsən45	tshən21	sən45
北京	tuən51	thuən55	tsuən55	tshuən35	suən55

字/中古音	606 笋	607 春	608 椿	609 纯	610 唇
四川方言点	臻合三上准心	臻合三平谆昌	臻合三平谆彻	臻合三平谆禅	臻合三平谆船
射洪	sen51	tshuən45	tshuən45	suən31	suən31
成都	sən42	tshuən45	tshuən45	suən21	suən21
北京	suən214	tʂhuən55	tʂhuən55	tʂhuən35	tʂhuən35

字/中古音	611 顺	612 闰	613 滚	614 坤	615 昏
四川方言点	臻合三去稕船	臻合三去稕日	臻合一上混见	臻合一平魂溪	臻合一平魂晓
射洪	suən435	zuən435	kuən51	khuən45	fen45
成都	suən213	zən213	kuən42	khuən45	xuən45
北京	ʂuən51	zˌuən51	kuən214	khuən55	xuən55

字/中古音	616 温	617 文	618 君	619 均	620 寻
四川方言点	臻合一平魂影	臻合三平文微	臻合三平文见	臻合三平谆见	深开三平侵邪
射洪	uən45	uən31	tɕyin45	tɕyin45	ɕyin31
成都	uən45	uən21	tɕyn45	tɕyn45	ɕyn21
北京	uən55	uən35	tɕyn55	tɕyn55	ɕyn35 ɕin35

179

字/中古音	621 旬	622 云	623 允	624 邦	625 旁
四川方言点	臻合三平谆邪	臻合三平文云	臻合三上准以	江开二平江帮	宕开一平唐並
射洪	ɕyin31	yin31	yin51	paŋ45	phaŋ31
成都	ɕyn21	yn21	yn42	paŋ45	phaŋ21
北京	ɕyn35	yn35	yn214 z̩uən214	paŋ55	phaŋ35

字/中古音	626 芳	627 放	628 当	629 汤	630 糖
四川方言点	宕合三平阳敷	宕合三去漾非	宕开一平唐端	宕开一平唐透	宕开一平唐定
射洪	faŋ45	faŋ435	taŋ45	thaŋ45	thaŋ31
成都	faŋ45	faŋ213	taŋ45	thaŋ45	thaŋ21
北京	faŋ55	faŋ51	taŋ55	thaŋ55	thaŋ35

字/中古音	631 堂	632 桑	633 张	634 长短	635 肠
四川方言点	宕开一平唐定	宕开一平唐心	宕开三平阳知	宕开三平阳澄	宕开三平阳澄
射洪	thaŋ31	saŋ45	tsaŋ45	tshaŋ31	tshaŋ31
成都	thaŋ21	saŋ45	tsaŋ45	tshaŋ42	tshaŋ21
北京	thaŋ35	saŋ55	tʂaŋ55	tʂhaŋ35	tʂhaŋ35

字/中古音	636 常	637 唱	638 让	639 抗	640 行
四川方言点	宕开三平阳禅	宕开三去漾昌	宕开三去漾日	宕开一去宕溪	宕开一平唐匣
射洪	saŋ31	tshaŋ435	zaŋ435	khaŋ435	xaŋ31
成都	saŋ21	tshaŋ213	zaŋ213	khaŋ213	xaŋ21
北京	tʂhaŋ35	tʂhaŋ51	ʐaŋ51	khaŋ51	xaŋ35

字/中古音	641 娘	642 亮	643 江	644 讲	645 香
四川方言点	宕开三平阳娘	宕开三去漾来	江开二平江见	江开二上讲见	宕开三平阳晓
射洪	niɐŋ31	liɐŋ435	tɕiaŋ45	tɕiaŋ51	ɕiaŋ45
成都	niaŋ21	niaŋ213	tɕiaŋ45	tɕiaŋ42	ɕiaŋ45
北京	niaŋ35	liaŋ51	tɕiaŋ55	tɕiaŋ214	ɕiaŋ55

字/中古音	646 详	647 祥	648 巷	649 央	650 羊
四川方言点	宕开三平阳邪	宕开三平阳邪	江开二去绛匣	宕开三平阳影	宕开三平阳以
射洪	ɕiaŋ31	ɕiaŋ31	xaŋ435	iaŋ45	iaŋ31
成都	ɕiaŋ21	ɕiaŋ21	xaŋ213	iaŋ45	iaŋ21
北京	ɕiaŋ35	ɕiaŋ35	ɕiaŋ51	iaŋ55	iaŋ35

字/中古音	651 仰	652 庄	653 桩	654 状	655 窗
四川方言点	宕开三上养疑	宕开三平阳庄	江开二平江知	宕开三去漾崇	江开二平江初
射洪	iaŋ51	tsuaŋ45	tsuaŋ45	tsuaŋ435	tshuaŋ45
成都	iaŋ42	tsuaŋ45	tsuaŋ45	tsuaŋ213	tshaŋ45
北京	iaŋ214	tʂuaŋ55	tʂuan55	tʂuaŋ51	tʂhuaŋ55

字/中古音	656 床	657 双	658 光	659 筐	660 狂
四川方言点	宕开三平阳崇	江开二平江生	宕合一平唐见	宕合三平阳溪	宕合三平阳群
射洪	tshuaŋ31	suaŋ45	kuaŋ45	khuaŋ45	khuaŋ31
成都	tshuaŋ21	suaŋ45	kuaŋ45	khuaŋ45	khuaŋ21
北京	tʂhuaŋ35	ʂuaŋ55	kuaŋ55	khuaŋ55	khuaŋ35

字/中古音	661 黄	662 汪	663 来往	664 枉	665 网
四川方言点	宕合一平唐匣	宕合一平唐影	宕合三上养云	宕合三上养影	宕合三上养微
射洪	faŋ31	uaŋ45	uaŋ51	uaŋ51	uaŋ51
成都	xuaŋ21	uaŋ45	uaŋ42	uaŋ42	uaŋ42
北京	xuaŋ35	uaŋ55	uaŋ214	uaŋ214	uaŋ214

字/中古音	666 忘	667 崩	668 朋	669 彭	670 棚
四川方言点	宕合三去漾微	曾开一平登帮	曾开一平登並	梗开二平庚並	梗开二平耕並
射洪	uaŋ31	pen45	phoŋ31	phen31	phoŋ31
成都	uaŋ21	pən45 老 poŋ45 新	poŋ21	phən21	phoŋ21
北京	uaŋ51	pəŋ55	phəŋ35	phəŋ35	phəŋ35

字/中古音	671 孟	672 梦	673 风	674 封	675 等
四川方言点	梗开二去映明	通合三去送明	通合三平东非	通合三平锺非	曾开一上等端
射洪	moŋ435	moŋ435	foŋ45	foŋ45	ten51
成都	moŋ213	moŋ213	foŋ45	foŋ45	tən42
北京	məŋ51	məŋ51	fəŋ55	fəŋ55	təŋ214

字/中古音	676 邓	677 能	678 冷	679 增	680 争
四川方言点	曾开一去嶝定	曾开一平登泥	梗开二上梗来	曾开一平登精	梗开二平耕庄
射洪	ten435	len31	len51	tsen45	tsen45
成都	tən213	nən21	nən42	tsən45	tsən45
北京	təŋ51	nəŋ35	ləŋ214	tsəŋ55	tʂəŋ55

字/中古音	681 微	682 郑	683 政	684 撑	685 成
四川方言点	曾开三平蒸知	梗开三去劲澄	梗开三去劲章	梗开二平庚彻	梗开三平清禅
射洪	tsen45	tsen435	tsen435	tshen435 tshen45	tshen31
成都	tsən45	tsən213	tsən213	tshən45	tshən21
北京	tʂəŋ55	tʂəŋ51	tʂəŋ51	tʂhəŋ55	tʂhəŋ35

字/中古音	686 承	687 乘	688 橙	689 生	690 绳
四川方言点	曾开三平蒸禅	曾开三平蒸船	梗开二平耕澄	梗开二平庚生	曾开三平蒸船
射洪	sen31 tshen31	sen31	tshen31	sen45	suen31
成都	sən21 白 tshən21 文	sən21	tshən21	sən45	suən21
北京	tʂhəŋ35	tʂhəŋ35	tʂhəŋ35	ʂəŋ55	ʂəŋ35

字/中古音	691 剩	692 更换	693 更加	694 耕	695 坑
四川方言点	曾开三去证船	梗开二平庚见	梗开二去映见	梗开二平耕见	梗开二平庚溪
射洪	sen435	ken45	ken435	ken45	khen45
成都	sən213	kən45	kən213	kən45	khən45

字/中古音	691 剩	692 更换	693 更加	694 耕	695 坑
北京	ʂəŋ51	kəŋ55	kəŋ51	kəŋ55 tɕiŋ55	khəŋ55

字/中古音	696 恒	697 横竖	698 蛮横	699 冰	700 兵
四川方言点	曾开一平登匣	梗合二平庚匣	梗合二去映匣	曾开三平蒸帮	梗开三平庚帮
射洪	xen31	fen31	fen31	pin45	pin45
成都	xən21	xuan21 白 xən21 文	xuən21	pin45	pin45
北京	xəŋ35	xəŋ35	xəŋ51	piŋ55	piŋ55

字/中古音	701 平	702 瓶	703 名	704 顶	705 宁
四川方言点	梗开三平庚並	梗开四平青並	梗开三平清明	梗开四上静端	梗开四平青泥
射洪	phin31	phin31	min31	tin51	lin31
成都	phin21	phin21	min21	tin42	nin21
北京	phiŋ35	phiŋ35	miŋ35	tiŋ214	niŋ35

字/中古音	706 凝	707 陵	708 令	709 京	710 经
四川方言点	曾廾三平蒸疑	曾开三平蒸来	梗开三去劲来	梗开三平庚见	梗开四平青见
射洪	ȵin31	lin31	lin435	tɕin45	tɕin45
成都	ȵin21	nin21	nin213	tɕin45	tɕin45
北京	niŋ35	liŋ35	liŋ51	tɕiŋ55	tɕiŋ55

字/中古音	711 轻	712 清	713 庆	714 兴旺	715 高兴
四川方言点	梗开三平清溪	梗开三平清清	梗开三去映溪	曾开三平蒸晓	曾开三去证晓
射洪	tɕhin45	tɕhin45	tɕhin435	ɕin45	ɕin435
成都	tɕhin45	tɕhin45	tɕhin213	ɕin45	ɕin213
北京	tɕhiŋ55	tɕhiŋ55	tɕhiŋ51	ɕiŋ55	ɕiŋ51

字/中古音	716 星	717 形	718 杏	719 幸	720 应该
四川方言点	梗开四平青心	梗开四平青匣	梗开二上梗匣	梗开二上耿匣	曾开三平蒸影
射洪	ɕin45	ɕin31	xen435	ɕin435	jin45
成都	ɕin45	ɕin21	xən213 白 ɕin213 文	ɕin213	in213
北京	ɕiŋ55	ɕiŋ35	ɕiŋ51	ɕiŋ51	iŋ55

字/中古音	721 应对	722 英	723 莺	724 樱	725 盈
四川方言点	曾开三去证影	梗开三平庚影	梗开二平耕影	梗开二平耕影	梗开三平清以
射洪	jin435	in45	jin45	jin45	in31
成都	in213	in45	in45	ŋən45 白 in45 文	in21
北京	iŋ51	iŋ55	iŋ55	iŋ55	iŋ35

字/中古音	726 营	727 硬	728 翁	729 冬	730 洞
四川方言点	梗合三平清以	梗开二去映疑	通合一平东影	通合一平冬端	通合一去送定
射洪	yin31	ŋen435	oŋ45	toŋ45	toŋ435
成都	yn21 老 in21 新	ŋən213	oŋ45	toŋ45	toŋ213
北京	iŋ35	iŋ51	uəŋ55	tuŋ55	tuŋ51

字/中古音	731 农	732 龙	733 笼	734 隆	735 粽
四川方言点	通合一平冬泥	通合三平锺来	通合一平东来	通合三平东来	通合一去送精
射洪	loŋ31	loŋ31	loŋ31	loŋ31	tsoŋ435
成都	noŋ21	noŋ21	noŋ21	noŋ21	tsoŋ213
北京	nuŋ35	luŋ35	luŋ35	luŋ35	tsuŋ51

字/中古音	736 宗	737 鬆	738 宋	739 诵	740 送
四川方言点	通合一平冬精	通合一平冬心	通合一去宋心	通合三去用邪	通合一去送心
射洪	tsoŋ45	soŋ45	soŋ435	soŋ435	soŋ435
成都	tsoŋ45	soŋ45	soŋ213	soŋ213	soŋ213

字/中古音	736 宗	737 鬆	738 宋	739 诵	740 送
北京	tsuŋ55	suŋ55	suŋ51	suŋ55	suŋ51

字/中古音	741 中	742 钟	743 充	744 绒	745 茸
四川方言点	通合三平东知	通合三平锺章	通合三平东昌	通合三平东日	通合三平锺日
射洪	tsoŋ45	tsoŋ45	tshoŋ45	zoŋ31	zoŋ31
成都	tsoŋ45	tsoŋ45	tshoŋ45	zoŋ21	zoŋ21
北京	tʂuŋ55	tʂuŋ55	tʂhuŋ55	ʐuŋ35	ʐuŋ35

字/中古音	746 荣	747 融	748 弓	749 公	750 宫
四川方言点	梗合三平庚云	通合三平东以	通合三平东见	通合一平东见	通合三平东见
射洪	yin31	ioŋ31	koŋ45	koŋ45	koŋ45
成都	yn21 老 ioŋ21 新	ioŋ21	koŋ45	koŋ45	koŋ45
北京	ʐuŋ35	ʐuŋ35	kuŋ55	kuŋ55	kuŋ55

字/中古音	751 恭	752 共	753 空	754 轰	755 弘
四川方言点	通合三平锺见	通合三去用群	通合一平东溪	梗合二平耕晓	曾合一平登匣
射洪	koŋ45	koŋ435	khoŋ45	foŋ45	xoŋ31
成都	koŋ45	koŋ213	khoŋ45	xoŋ45	xoŋ21
北京	kuŋ55	kuŋ51	khuŋ55	xuŋ55	xuŋ35

字/中古音	756 红	757 宏	758 穷	759 琼	760 兄
四川方言点	通合一平东匣	梗合二平耕匣	通合三平东群	梗合三平清群	梗合三平庚晓
射洪	xoŋ31	xoŋ31	tɕhioŋ31	tɕhyin31	ɕioŋ45
成都	xoŋ21	xoŋ21	tɕhioŋ21	tɕhyn21	ɕioŋ45
北京	xuŋ35	xuŋ35	tɕhyuŋ35	tɕhyuŋ35	ɕyuŋ55

字/中古音	761 胸	762 永	763 勇	764 用	
四川方言点	通合三平锺晓	梗合三上梗云	通合三上肿以	通合三去用以	
射洪	ɕioŋ45	yin51	ioŋ51	ioŋ435	
成都	ɕioŋ45	yn42 老 ioŋ42 新	ioŋ42	ioŋ213	
北京	ɕyuŋ55	yuŋ214	yuŋ214	yuŋ51	

4. 四川射洪方言特字表

说　明

（1）按普通话音序排列。个别字在部分方言里不用或者罕见，在相应的位置空出不填。

（2）本表使用简体字。个别需要用繁、简体来区分音韵地位或不同用法的，使用繁体。"做"字《广韵》没有而《集韵》有，在字后加"＊"。

（3）声调用五度标调法表示，调值用数码写在音标的后面。一个调类只用一个调值来代表。

（4）文白异读的区别，分别在音标之后用"文""白"标注。新派和老派的区别，分别在音标之后用"新""老"标注。一字多音原则上分别注释义或者用例。无条件的"又读"音只罗列读音，不出释义或者用例。

（5）释义简短的直接放在音标的右下角，较长的使用脚注。举例用"～"代表字目。

（6）所有表格用小五号字；附加意义说明的字用六号区别，如"底下""下降"。

字/中古音	1 打	2 大小	3 踏	4 拉	5 指甲
四川方言点	梗開二上梗端	果開一去箇定	咸開一入合透	咸開一入合来	咸開二入狎见
射洪	tA 51	tA 435	thA 44	lA 45	tɕiA 44
成都	tA 42	tA 213	thA 21	nA 45	tɕiA 21
北京	tA 214	tA 51	thA 51	lA 55	tɕiA 214

字/中古音	6 放假	7 等一下子	8 特	9 择	10 泽
四川方言点	假开二去祃见	假开二去祃匣	曾开一入德定	梗开二入陌澄	梗开二入陌澄
射洪	tɕiA 51	ɕiA 435	the44	tshe44	tshe44
成都	tɕiA 42	xiA 213	the21	tshe21	tshe21
北京	tɕiA 51	ɕiA 51	thɤ51	tsɤ35 tʂai35	tsɤ35

字/中古音	11 侧	12 鹤	13 波	14 玻	15 泊
四川方言点	曾开三入职庄	宕开一入铎匣	果合一平戈帮	果合一平戈滂	宕开一入铎並
射洪	tse44 tshe44	xɵ44	po45	po45	phe44
成都	tshe21	xʊ21	po45	po45	phe21
北京	tshɤ51 tsɤ51 tʂai55	xɤ51 xɑu35	po55	po55	po35 pho51 pho55

字/中古音	16 勃	17 坡	18 迫	19 做 *	20 锅
四川方言点	臻合一入没並	果合一平戈滂	梗开二入陌帮	遇合一去暮精	果合一平戈见
射洪	phɵ44	pho45	phe44	tsu435	ko45
成都	phu21	pho45	phe21	tsu213	ko45
北京	po35	pho55	pho51	tsuo51	kuo55

字/中古音	21 茄	22 些	23 邪	24 鞋	25 写
四川方言点	果开三平戈群	假开三平麻心	假开三平麻邪	蟹开二平佳匣	假开三上马心
射洪	tɕhie31	ɕi45	ɕie31	xai31	ɕle51
成都	tɕhie21	ɕi45	ɕie21	xai21	ɕie42
北京	tɕhiɛ35	ɕiɛ55	ɕiɛ35	ɕiɛ35	ɕiɛ214

字/中古音	26 械	27 睡觉	28 嚼	29 雀	30 赐
四川方言点	蟹开二去怪匣	效开二去效见	宕开三入药从	宕开三入药精	止开三去寘心
射洪	tɕiai435	kɑu435	tɕiɐu435	tɕhiɵ44	tshʅ435

字/中古音	26 械	27 睡觉	28 嚼	29 雀	30 赐
成都	tɕiai213	tɕiau213	tɕiau21	tɕhio21	tshɿ213
北京	ɕiɛ51	tɕiau51	tɕiau35 tɕyɛ35	tɕhyɛ51 tɕiau214	tshɿ51

字/中古音	31 伺	32 值	33 植	34 殖	35 隻量词
四川方言点	止开三去志心	曾开三入职澄	曾开三入职禅	曾开三入职禅	梗开三入昔章
射洪	sɿ435	tsɿ44	tsɿ44	tsɿ44	tsɿ44
成都	sɿ213	tsɿ21	tsɿ21	tsɿ21	tsɿ45
北京	tshɿ51 sɿ51	tsɿ35	tsɿ35	tsɿ35	tsɿ55

字/中古音	36 秩	37 吃	38 翅	39 始	40 式
四川方言点	臻开三入质澄	梗开四入锡溪	止开三去真书	止开三上止书	曾开三入职书
射洪	tshɿ435	tshɿ44	tsɿ435	sɿ51	sɿ435
成都	tshɿ21	tshɿ21	tsɿ213	sɿ42	sɿ213
北京	tʂɿ51	tʂhɿ55	tʂhɿ51	ʂɿ214	ʂɿ51

字/中古音	41 饰	42 鼻	43 秘书	44 堤	45 隶
四川方言点	曾开三入职书	止开三去至並	止开三去至帮	蟹开四平齐端	蟹开四去霁来
射洪	sɿ435	pi44	mi44	thi31	ti435
成都	sɿ213	pi21	mi21新 pei213老	thi21	ti213
北京	ʂɿ51	pi35	pi51 mi51	ti55 thi35	li51

字/中古音	46 辑	47 妓	48 技	49 季	50 缉
四川方言点	深开三入缉从	止开三上纸群	止开三上纸群	止合三去至见	深开三入缉清
射洪	tɕi44	tɕi435	tɕi435	tɕi435	tɕi44
成都	tɕi21	tɕi213	tɕi213	tɕi213	tɕi21

字/中古音	46 辑	47 妓	48 技	49 季	50 缉
北京	tɕi35	tɕi51	tɕi51	tɕi51	tɕi51 tɕi55

字/中古音	51 溪	52 卜	53 谱	54 瀑	55 腐
四川方言点	蟹开四平齐溪	通合一入屋帮	遇合一上姥帮	通合一入屋并	遇合三上虞奉
射洪	tɕhi45	phə44	phu51	pɑu435	fu51
成都	tɕhi45	phu21	phu42	phu21	fu42
北京	tɕhi55 ɕi55	pu214	phu214	phu51 phu35	fu214

字/中古音	56 炒鱼肚	57 大肚子	58 突	59 族	60 触
四川方言点	遇合一上姥端	遇合一上姥定	臻合一入没定	通合一入屋从	通合三入烛昌
射洪	tu51	tu435	thu44	tshə44	tsu44
成都	tu42	tu213	thu21	tɕio21	tsu21
北京	tu214	tu51	thu35	tsu35	tʂhu51

字/中古音	61 殊	62 暑	63 鼠	64 乎	65 戊
四川方言点	遇合三平虞禅	遇合三上语书	遇合三上语书	遇合一平模匣	流开一去候明
射洪	su45	su51	su51	fu45	wu435
成都	su45	su42	su42	fu21	vu213
北京	ʂu55	ʂu214	ʂu214	xu35	u51

字/中古音	66 屡	67 履	68 拘	69 屈	70 娶
四川方言点	遇合三去遇来	止开三上旨来	遇合三平虞见	臻合三入物溪	遇合三上虞清
射洪	ləu51	ly51	tɕy45	tɕhiə44	tɕy435
成都	nuei42	ny42	tɕy45	tɕhio21	tɕhy42
北京	ly214	ly214	tɕy55	tɕhy55	tɕhy214

字/中古音	71 去	72 婿	73 鱼	74 玉	75 宅
四川方言点	遇合三去御溪	蟹开四去霁心	遇合三平鱼疑	通合三入烛疑	梗开二入陌澄
射洪	tɕhie435 tɕhy435	ɕi44	y31	y435	tʂhe44
成都	tɕhy213 文 tɕhie213 白	ɕi213	y21	y213	tʂhe21 老 tʂai42 新
北京	tɕhy51	ɕy51	y35	y51	tʂai35

字/中古音	76 概	77 块	78 会计	79 歪	80 佩
四川方言点	蟹开一去代见	蟹合一去队溪	蟹合一去泰见	蟹合二平佳晓	蟹合一去队并
射洪	khai435	khuai51	khuai435	uai45	phei435
成都	khai213	khuai42	khuai213	uai45	phei213
北京	kai51	khuai51	khuai51	uai55	phei51

字/中古音	81 锐	82 瑞	83 惟	84 维	85 跑
四川方言点	蟹合三去祭以	止合三去真禅	止合三平脂以	止合三平脂以	效开二平肴并
射洪	zuei435	suei435	uei31	uei31	phɑu51
成都	zuei213	suei213	uei21	uei21	phɑu42
北京	ʐuei51	ʐuei51	uei35	uei35	phɑu214 phɑu35

字/中古音	86 猫	87 造	88 搞	89 跳	90 角
四川方言点	效开二平肴明	效开一上从晧	效开二上巧见	效开四去啸透	江开二入觉见
射洪	mɑu45	tshɑu435	kɑu51	thiɐu435	kə44 tɕiɵ44
成都	mɑu45	tshɑu213	kɑu42	thiɑu213	tɕio21 文 ko21 白
北京	mɑu55	tsɑu51	kɑu214	thiɑu51	tɕiɑu214 tɕyɛ35

字/中古音	91 搅	92 淆	93 学校	94 肴	95 舀
四川方言点	效开二上巧见	效开二平肴匣	效开二去效匣	效开二平肴匣	效开三上小以
射洪	tɕieu51	ɕieu435	ɕieu435	ieu31	ieu51
成都	tɕiau42	ɕiau21	ɕiau213	ɕiau21	iau42
北京	tɕiau214	ɕiau35 / iau35	ɕiau51	iau35 / ɕiau35	iau214

字/中古音	96 剖	97 谋	98 肉	99 叛	100 产
四川方言点	流开一上厚滂	流开三平尤明	通合三入屋日	山合一去换並	山开二上产生
射洪	pho435	moŋ31	zəu435	phæn435	tʂhæn51
成都	pho42	moŋ21	zu21	phuan213	tʂhan42
北京	pɑu55 / phou214	mou35	ʐou51	phan51	tʂhan214

字/中古音	101 删	102 染	103 遍	104 茧	105 铅
四川方言点	山开二平删生	咸开三上琰日	山开四去霰帮	山开四上铣见	山合三平仙以
射洪	suæn45	zæn51	phien435	tɕien51	tɕhien45 / yen31
成都	suan45	zan42	phien213 老 / pien213 新	tɕien42	tɕhien45
北京	ʂan55	ʐan214	pien51	tɕien214	tɕhien55

字/中古音	106 仙	107 先	108 掀	109 鲜	110 弦
四川方言点	山开三平仙心	山开四平先心	山开三平元晓	山开三平仙心	山开四平先匣
射洪	ɕien45	ɕien45	ɕyɛn45	ɕyɛn45	ɕyɛn31
成都	ɕien45	ɕien45	ɕyɛn45	ɕyɛn45	ɕyɛn21
北京	ɕien55	ɕien55	ɕien55	ɕien55	ɕien35

字/中古音	111 县	112 沿	113 研	114 阮	115 缓
四川方言点	山合四去霰匣	山合三平仙以	山开四平先疑	山合三上阮疑	山合一上缓匣
射洪	ɕien435	yɛn31	n̠ien45	zuæn51	fæn51

字/中古音	111 县	112 沿	113 研	114 阮	115 缓
成都	ɕiɛn213	yɛn21	ȵiɛn45	zuan42	xuan42
北京	ɕiɛn51	iɛn35	iɛn35	ʐuan214	xuan214

字/中古音	116 丸	117 完	118 皖	119 轩	120 癣
四川方言点	山合一平桓匣	山合一平桓匣	山合一上缓匣	山开三平元晓	山开三上狝心
射洪	uæn31	uæn31	khuæn51	ɕyɛn45	ɕyɛn51
成都	uan21	uan21	khuan42	ɕyɛn45	ɕyɛn42
北京	uan35	uan214	uan214	ɕyɛn55	ɕyɛn214

字/中古音	121 贞	122 侦	123 深	124 品	125 津
四川方言点	梗开三平清知	梗开三平清彻	深开三平侵书	深开三上寝滂	臻开三平真精
射洪	tsen45	tsen45	sen45	phin51	tɕin45
成都	tsən45	tsən45	sən45	phin42	tɕin45
北京	tʂən55	tʂən55	ʂən55	phin214	tɕin55

字/中古音	126 进	127 晋	128 侵	129 钦	130 秦
四川方言点	臻开三去震精	臻开三去震精	深开三平侵清	深开三平侵溪	臻开三平真从
射洪	tɕin435	tɕin435	tɕhin435	tɕhin45	tɕhin31
成都	tɕin213	tɕin213	tɕhin213	tɕhin45	tɕhin21
北京	tɕin51	tɕin51	tɕhin55	tɕhin55	tɕhin35

字/中古音	131 信	132 尹	133 蚊	134 孕	135 防
四川方言点	臻开三去震心	臻合三上准以	臻合三平文微	曾开三去证以	宕合三平阳奉
射洪	ɕin435	yn51	uən31	zuən435	faŋ31
成都	ɕin213	yn42	uən21	zuən213	faŋ21
北京	ɕin51	in214	uən35	yn51	faŋ35

字/中古音	136 项	137 像	138 撞	139 况	140 同盟
四川方言点	江开二上讲匣	宕开三上养邪	江开二去绛澄	宕合三去漾晓	梗开三平庚明
射洪	xaŋ435	ɕiuŋ435	tsuaŋ435	khuaŋ435	min31
成都	xaŋ213	tɕhiaŋ213	tsuaŋ213 新 tshuaŋ42 老	khuaŋ213	moŋ21
北京	ɕiaŋ51	ɕiaŋ51	tʂuaŋ51	khuaŋ51	məŋ35

字/中古音	141 僧	142 姓丁	143 好听	144 统	145 松树
四川方言点	曾开一平登心	梗开四平青端	梗开四平青透	通合一去宋透	通合三平锺邪
射洪	sen45	tin45	thin435	thoŋ51	soŋ45
成都	sən45	tin45	thin45	thoŋ42	soŋ45
北京	səŋ55	tiŋ55	thiŋ55	thuŋ214	suŋ55

字/中古音	146 雄	147 熊			
四川方言点	通合三平东云	通合三平东云			
射洪	ɕioŋ31	ɕioŋ31			
成都	ɕioŋ21	ɕioŋ21			
北京	ɕyuŋ35	ɕyuŋ35			

后 记

写作整理《四川盐亭等六县市方言音系调查研究》这本书的过程中，我得到了很多人的帮助和支持。感谢无私提供支持的父母，感谢导师周及徐先生，感谢我的挚友李静，感谢责任编辑周洁，感谢每一位帮助过我的老师、同学、朋友。

本书的蓝本是我的硕士学位论文《四川盐亭等六县市方言音系调查研究》，涉及四川盐亭、射洪、西充、彭山、青神、夹江等六县市方言。经过博士阶段的学习以及此阶段再次前往当地进行方言田野调查，我在写作整理本书的过程中对相关内容做了一些新的补充和完善。本书修改和更正了初次调查时的国际音标标记错误，根据新的听音校音，添补了调查字表中的某些记音标音的遗漏之处，增列了一些新老、文白读音，还根据调查补充了一些新的方言字数，增加修改了六县市方言的一些音系说明，增列了四川盐亭方言音表、四川盐亭方言特字表、四川射洪方言音表、四川射洪方言特字表。此外，本书进一步陈述说明了六县市方言与西南官话成渝片湖广话方言的关系比较、与西南官话灌赤片岷江小片南路话方言的关系比较，增加了对六县市方言类型属于西南官话灌赤片岷江小片南路话方言的说明线索。

在本书的写作过程中，我有一些感悟。

我们在平时的工作、生活、学习中，有时会遇到生死存亡的紧要关头，也难免遇到非常棘手困难的事情。这时我们有两种选择：一种是迎难而上，积极主动应战，想办法解决问题；一种是遗憾放弃，被困难束缚，不再做努力。我选择第一种，兵来将挡，水来土掩。逢山开路，遇水架桥。这就如同行军打仗，两军对垒，就算是实力相差悬殊，身为主将者不能丢了士气和军心，依然英勇作战，鼓舞军心提振士气。

我深知说起来很容易，做起来却很难。可是再难的事情，只要有1%的可能性，我还是会努力去做。

生命充满了起伏、波动，这是常态。遇到风急浪高、大起大落，不是什么大不了的事，不必大惊小怪、惊慌失措，我们要做的就是坚守阵地、严阵以待，想办法解决问题，勇立潮头、驾驭风浪。

在波峰的时候不必骄傲自满，有可能福兮祸之所倚；在波谷的时候不必灰心丧气，有可能祸兮福之所伏。特别是在人生低谷，谨记跌倒了要爬起来，勇敢地战斗翻盘，无论成败。

我祝愿挚友李静和所有帮助过我的老师、同学、朋友工作、生活顺利。

张　强

2021 年 10 月